板書&展開例で
よくわかる

社会科
授業づくりの教科書

5年

社会科5年の
1年間365日の
**授業づくりを
完全サポート！**

**主体的・対話的で
深い学びを
実現する！**

朝倉 一民 著

明治図書

はじめに

　この春，刊行した『主体的・対話的で深い学びを実現する！　板書＆展開例でよくわかる社会科授業づくりの教科書』（シリーズ６年）に続き，（シリーズ５年）を刊行することができたことを嬉しく思う。

　2017年３月に「新学習指導要領」が公示された。社会科では，３・４年生の学習内容が３年と４年に明確に分けられ，６年生では政治単元から始まるなどの配置換えが行われている。

　さて，本書にかかわる５年生については，２－（１）「我が国の国土の様子と国民生活」では，これまでの「我が国の位置と領土」という表記から，「領土の範囲」と明示され，「竹島や北方領土，尖閣諸島が我が国の固有の領土であること」に触れることになっており，昨今の領土問題を意識する内容になっている。この点については，本書でも授業展開の中で触れるようにまとめている。２－（２）「我が国の農業や水産業における食料生産」では，特に「輸送方法や販売方法の工夫」が明示された。２－（３）「我が国の工業生産」では，「工業製品の改良」「製造の行程」「工場相互の協力関係」「優れた技術」が明示され，特に「貿易や運輸」が独立して示されている。本書でも，授業展開の中で「食料品の輸送や工業製品の運輸」などは重点的に取り上げている。また，今回の改訂における重点ともいえる「選択・判断する力」が（２），（３）で示され，様々な課題をどう乗り越えるべきか自分の考えを表現することが求められており，その点についても授業展開の「創り出す」場で位置付けている。

　また，特に大きく変わったのは，２－（４）「我が国の産業と情報との関わり」であり，これまでは情報ネットワークの公共利用を中心とした内容であったが，新学習指導要領では，産業（販売，運輸，観光，医療，福祉）における情報活用の仕組みを学ぶ内容に変更されている。本書では，「医療」や「販売」を題材とした授業展開を紹介している。

　さて，何かと話題の「アクティブ・ラーニング」であるが，新学習指導要領においては「主体的・対話的で深い学び」というねらいが定められ，授業におけるアクティブ・ラーニングの視点が明確になっている。「主体的な学び」は，見通しをもち，自らを振り返りながら次につなげていくこと。「対話的な学び」は，協働だけではなく，先生や地域の人との対話，先哲の考えを通じ，自分の考えを広げていくこと。そして，その上で教科における概念や考え方を活用した「見方・考え方」を働かせ問題を解決していくことが「深い学び」と読み取ることができる。「教科の見方・考え方を働かせた資質・能力の育成」について，新学習指導要領では，目標に（１）知識及び技能，（２）思考力，判断力，表現力等，（３）学びに向かう力，人間性等という形でわかりやすく明示されている。

　本書では，手に取ってくれた先生たちがこの「主体的・対話的で深い学び」をわかりやすく理解できるような内容構成にしたいと考え，あえて１時間の授業，１時間の問題解決を重視し

た。そして、その中に、「主体的な学び」を生み出す場面、「対話的な学び」を生み出す場面、「深い学び」を生み出す場面を位置付けている。「このようなパターン通りにはうまくいかない」とお叱りを受けるかもしれない。それはごもっともである。しかし、私はこれから教師になろうとする若い先生や、社会科の授業がどうしてもうまくいかないと悩んでおられる先生、アクティブ・ラーニングの視点で授業がしたいと考えている先生たちが、手に取ってすぐに実践できるように執筆をさせてもらった。

　主体的・対話的で深い学びが横糸とするならば、縦糸となる社会科における資質・能力は、5年生では以下のように整理されている。ここに簡潔にまとめる。

(1)　国土の地理的環境の特色や産業の現状、社会の情報化と産業の関わりについて、国民生活との関連を踏まえて理解。各種の基礎的資料を通して、情報を適切に調べまとめる技能。
(2)　社会的事象の特色や相互の関連、意味を多角的に考える力、社会に見られる課題を把握して、その解決に向けて社会への関わり方を選択・判断する力、考えたことや選択・判断したことを説明したり、それらを基に議論したりする力。
(3)　社会的事象について、主体的に学習の問題を解決しようとする態度や、よりよい社会を考え学習したことを社会生活に生かそうとする態度。多角的な思考や理解を通して、我が国の国土に対する愛情、我が国の産業の発展を願い我が国の将来を担う国民としての自覚。

　5年生社会科では日本の地理的環境や産業との国民の関連が中心となり、教師もまた深い知識が必要となる。そのため、各項目では深い教材化ができるように学習内容を詳細に記したつもりである。授業づくりの手引きとしても活用していただければと考えている。本書をもとに授業を実践することで、子供たちの「アクティブ・ラーニング」を生み出す姿を見ることができると信じている。読者である先生たち自身が、本書をもとに実践し、うまくいったところ、うまくいかなかったところを加除修正しながら、自身の「見方・考え方」を広げていただければ、それは願ってもないことである。

朝倉　一民

はじめに……3

1章 主体的・対話的で深い学びを実現する！社会科授業デザイン

1 社会科での主体的・対話的で深い学びの実現……10
2 本書の読み方……16

2章 主体的・対話的で深い学びを実現する！社会科授業づくりの教科書 板書＆展開プラン

「社会科授業づくりの教科書 板書＆展開プラン」の使い方

☆2章以降の実践編は，下記のような項目で，授業の全体像をまとめました。読者の皆様の用途に合わせてご活用いただければ幸いです。

○授業での板書例
○本時のねらい（観点別）と評価
○アクティブ・ラーニング的学習展開
　① 深い学びを生む学習問題（かかわる）
　② 対話的な学びを生む協働（つながる）
　③ 次時へ見通しをもつ主体的な学び（創り出す）
○ICT活用のポイント

1 [日本の国土]

1 日本は世界のどこにある？（学習課題№01～02・2時間構成） ……18
2 日本の国土の特徴は？（学習課題№03・1時間構成） ……20
3 日本の地形を調べよう（学習シート）（学習課題№04・1時間構成） ……22
4 日本はどこからどこまでか？（学習課題№05・1時間構成） ……24
5 高地と低地の暮らしを比べよう（学習課題№06・1時間構成） ……26

	6	低地の暮らしの秘密を調べよう（学習課題No.07・1時間構成）	……28
	7	高地の暮らしの秘密を調べよう（学習課題No.08〜09・2時間構成）	……30
	8	日本の気候の特色を調べよう（学習課題No.10〜11・2時間構成）	……32
	9	風や山は気候と関係があるのか？（学習課題No.12・1時間構成）	……34
	10	暖かい地方と寒い地方の暮らし（学習課題No.13・1時間構成）	……36
	11	南北でできる砂糖（学習課題No.14・1時間構成）	……38
	12	日本の国土についてまとめよう！（学習課題No.15・1時間構成）	……40

2 ［日本の食料生産］

1　私たちの食べ物（学習課題No.16〜17・2時間構成） ……42
2　食料の産地を調べよう（学習シート）（学習課題No.18・1時間構成） ……44

3 ［稲作農家の工夫や努力］

1　お米はどこから来ているのか？（学習課題No.19・1時間構成） ……46
2　毎日，お米を食べられるのはどうしてか？（学習課題No.20・1時間構成） ……48
3　1ヘクタール当たりのお米の生産量が増えたのはどうしてか？
　（学習課題No.21・1時間構成） ……50
4　どうしてお米にはいろいろな品種があるのか？（学習課題No.22・1時間構成） ……52
5　水田はどうして規則正しくまっすぐなのか？（学習課題No.23・1時間構成） ……54
6　稲作にはどんな機械がつかわれているのか？（学習課題No.24・1時間構成） ……56
7　農薬や化学肥料はつかいすぎてはいけないのか？（学習課題No.25・1時間構成） ……58
8　米づくりにはどんな課題があるのか？（学習課題No.26・1時間構成） ……60
9　日本の農業生産についてまとめよう！（学習課題No.27・1時間構成） ……62

4 ［水産業の工夫や努力］

1　日本はたくさんの魚を食べている?!（学習課題No.28・1時間構成） ……64
2　どうやって魚を獲っているのか？（学習課題No.29・1時間構成） ……66
3　獲った魚はどうなるのか？（学習課題No.30・1時間構成） ……68
4　焼津漁港が他の漁港と違うのはどうしてか？（学習課題No.31・1時間構成） ……70
5　なぜ，養殖業だけが増えているのか？（学習課題No.32・1時間構成） ……72
6　育てた魚をどうして放すのか？（学習課題No.33・1時間構成） ……74

5 [これからの食料生産]

1. 食料自給率38％で大丈夫なのか？（学習課題No.34・1時間構成） ……76
2. 輸入品が増えるとどんな影響があるのか？（学習課題No.35・1時間構成） ……78
3. これからの食料生産の課題は？（学習課題No.36・1時間構成） ……80
4. 日本の食料生産についてまとめよう！（学習課題No.37・1時間構成） ……82

6 [日本の工業生産]

1. 暮らしの中にある工業製品は？（学習課題No.38～39・2時間構成） ……84
2. 工業生産地が集中しているのはなぜか？（学習課題No.40・1時間構成） ……86
3. 工業生産額が急激に伸びたのはなぜか？（学習課題No.41・1時間構成） ……88

7 [自動車工業の工夫や努力]

1. 豊田市ではどれくらいの自動車をつくっているのか？
   （学習課題No.42・1時間構成） ……90
2. 自動車はどのようにつくられているのか？（学習課題No.43・1時間構成） ……92
3. 自動車づくりにはどんな工夫があるのか？（学習課題No.44・1時間構成） ……94
4. ３万個の部品はどこでつくられているのか？（学習課題No.45・1時間構成） ……96
5. どうして納車まで１カ月以上もかかるのか？（学習課題No.46・1時間構成） ……98
6. 自動車はどのようにして運ばれるのか？（学習課題No.47・1時間構成） ……100
7. 自動車大国である日本の課題は？（学習課題No.48・1時間構成） ……102
8. 日本の自動車工業についてまとめよう！（学習課題No.49・1時間構成） ……104

8 [日本の工業を支えるもの]

1. 大工場を支える中小工場の秘密は？（学習課題No.50～51・1～2時間構成） ……106
2. 伝統工業って何だろう？（学習課題No.52・1時間構成） ……108
3. 工業製品はどのように運ばれるのか？（学習課題No.53・1時間構成） ……110
4. 工業製品の材料はどこから？（学習課題No.54・1時間構成） ……112
5. 工業製品はどこへ？（学習課題No.55・1時間構成） ……114
6. これからの日本の工業（学習課題No.56・1時間構成） ……116
7. 日本の工業生産についてまとめよう！（学習課題No.57・1時間構成） ……118

9 [情報産業の工夫や努力]

1　私たちをとりまく情報はどこから？（学習課題No.58・1時間構成） ……120
2　震災のとき，メディアはどう動いたか？（学習課題No.59・1時間構成） ……122
3　ニュース番組はどのようにつくられているのだろうか？
　（学習課題No.60・1時間構成） ……124
4　情報を集めて新聞を発行しよう（学習課題No.61・1時間構成） ……126

10 [情報ネットワークと国民生活の向上]

1　情報はどのように活用されているのだろうか？（学習課題No.62・1時間構成） ……128
2　生活の中にあるネットワークとは？（学習課題No.63・1時間構成） ……130
3　電子カルテって何だろう？（学習課題No.64・1時間構成） ……132
4　病院と病院をつなぐネットワーク（学習課題No.65・1時間構成） ……134

11 [情報化社会を生きる]

1　情報化した社会って何だろう？（学習課題No.66・1時間構成） ……136
2　情報化社会ではどんなことに気を付ければよいか？
　（学習課題No.67〜68・2時間構成） ……138
3　情報活用宣言を発信しよう（学習課題No.69〜70・2時間構成） ……140

12 [森林を守る人々]

1　日本の自然にはどんな特徴があるのか？（学習課題No.71・1時間構成） ……142
2　国土の3分の2の森林をどのように管理しているのか？
　（学習課題No.72・1時間構成） ……144
3　どうして人工林がたくさんあるのか？（学習課題No.73・1時間構成） ……146
4　天然林とはどんなところか？（学習課題No.74・1時間構成） ……148
5　森林を守っていくためにどんなことが行われているか？
　（学習課題No.75・1時間構成） ……150
6　日本の森林産業についてまとめよう！（学習課題No.76・1時間構成） ……152

13 [生活環境を守る人々]

1　公害から環境を守るとは？（学習課題No.77・1時間構成） ……154

2　全国でどのような公害が起こったのか？（学習課題No.78・1時間構成）　……156

3　四日市ぜんそくはどのように改善されたのか？
（学習課題No.79～80・2時間構成）　……158

4　環境をもっとよくしていくためには（学習課題No.81・1時間構成）　……160

5　日本の公害問題についてまとめよう！（学習課題No.82・1時間構成）　……162

14 [自然災害とともに生きる]

1　自然災害にはどのようなものがあるか？（学習課題No.83・1時間構成）　……164

2　自然災害をどのように防ぐのか？（学習課題No.84・1時間構成）　……166

3　防潮堤があれば平気なのだろうか？（学習課題No.85・1時間構成）　……168

4　日本での自然災害についてまとめよう！（学習課題No.86・1時間構成）　……170

おわりに……172

1章
主体的・対話的で深い学びを実現する！社会科授業デザイン

1 社会科での主体的・対話的で深い学びの実現

　本書は小学校5年生の社会科の学習内容の1時間ずつ（内容によっては2時間の場合も）の展開を，「アクティブ・ラーニング」の視点でまとめたものである。2017年3月に公示された新学習指導要領では「主体的・対話的で深い学びの実現に向けた授業改善」として明示されている。それに向けた中教審「審議のまとめ」では「アクティブ・ラーニング」の視点が以下のように整理されている。

【主体的な学び】
　学ぶことに興味や関心を持ち，自己のキャリア形成の方向性と関連付けながら，見通しを持って粘り強く取り組み，自己の学習活動を振り返って次につなげる「主体的な学び」が実現できているか。

【対話的な学び】
　子供同士の協働，教職員や地域の人との対話，先哲の考え方を手掛かりに考えること等を通じ，自己の考えを広げ深める「対話的な学び」が実現できているか。

【深い学び】
　各教科等で習得した概念や考え方を活用した「見方・考え方」を働かせ，問いを見いだして解決したり，自己の考えを形成し表したり，思いを基に構想，創造したりすることに向かう「深い学び」が実現できているか。

　これら三つの視点の実現を目指し，1時間の中に「場」として盛り込んでいる。アクティブ・ラーニングは「～法」「～型」といった特定の学習活動や学習スタイルの固定化を目指したものではないし，また視点のそれぞれがきれいに独立するものでもない。ただ本書は，社会科が苦手な先生にも，社会科を得意とする先生にもアクティブ・ラーニングを生み出す授業がどのように展開されるかをわかりやすく説明するために，一つの視点に重きを置く場として表現している。
　また，1時間ずつの構成となっているが，もちろん「単元全体での問題解決」を意識した構

成になっている。各単元の1時間目は，単元を通した「問題」を醸成する時間であり，2時間目は各自が調べる時間を想定している。前述した「審議のまとめ」では，社会科における学習過程のイメージもまた公開され，単元を通しての「課題把握」「課題追究」「課題解決」「新たな課題」といった学習過程が明示されている。したがって，本書でもそういった学習過程を踏まえた上で1時間の授業構成を記した。本書での単元における学習過程はおおよそ以下の形で考えている。

課題把握	●単元を通した課題の設定	・社会的事象，歴史的事象を提示し，「事実認識の比較」や「既習事項とのずれ」から問いを生む。 ・学習問題をどう解決するかの計画を立てる。
課題追究	●各自の調べ学習 ●事実や概念にかかわる知識の習得	・関係施設の訪問，インターネットをつかった調査活動。 ・仲間との協働的な活動・話し合い。 ・事実認識を多面的・多角的に考察し問題解決。
課題解決	●考察・構想したことをまとめる ●新たな課題を見いだす	・社会科新聞作成を通して習得した知識や社会認識を，自分なりの意見をまとめる。表現する。 ・社会的事象について，構想したことを妥当性や効果，実現可能性などを指標に議論し，主張する。

　なお，今回本書で取り扱う単元は，「東京書籍」「教育出版」「日本文教出版」「光村図書」の教科書における単元を整理しまとめたものである。
　次に，本書における1時間の授業づくりの構成である。
　先に述べたように，1時間の中にアクティブ・ラーニングにおける三つの視点を「三つの場」としてまとめた。以下，それぞれの場を説明する。

①　深い学びを生む学習問題（かかわりの場）

　社会科の学習にとって，最も大切なものが「問いを生む場」である。深い学びを実現するためには，子供たちが「あれ？　どうしてだろう？」「これは，たぶんこうだからじゃないかな？」といった社会的事象に自らかかわっていく姿をつくり出さねばならない。そのために，「複数の事実の比較」をしたり，「既習事項とのずれ」に気付かせる資料提示と発問が重要になってくる。また，その課題に対して子供たちが自分事の問題として捉えていくために，社会科における「見方・考え方」を働かせるものでなければいけない。この「見方・考え方」も「審議のまとめ」でわかりやすく整理された。
　以下，社会科における思考力・判断力を育てる「社会的事象の見方・考え方」である。

・社会的事象を位置や空間的な広がりに着目して捉える。
　例）低地と高地ではどのように生活の様子や産業の様子が違うのだろう。

・社会的事象を時期や時間の経過に着目して捉える。
　例）1ヘクタール当たりの米の生産量が増えてきたのはなぜだろう。
・社会的事象を事象や人々の相互関係に着目して捉える。
　例）組み立て工場と関連工場はどのようなつながりがあるのだろう。

このように「空間的に」「時間的に」「関係性的に」事象を見ることで深い学びに向かう「問い」が生まれるのである。
　さらに、この「見方・考え方」を通して、
・比較・分類したり、総合したりして、知識を獲得する。
　例）暖かい地方と寒い地方ではそれぞれで気候に合った暮らし方をしている。
・地域の人々や国民の生活と関連付けたりして、知識を獲得する。
　例）食料を輸入することによって、我が国の食料の安定供給ができている。

　よって、この「かかわりの場」では具体的な資料やデータを提示し、子供たちが本時の学習問題をつくりあげる場として書いている。

② 対話的な学びを生む協働（つながりの場）

　この場は本時の学習問題を提示し、多面的・多角的に考察して、社会的事象の構造を明らかにしていく場である。したがって、この場に書かれている発問が「主発問」となる。この場がよく誤解される「アクティブ・ラーニング的グループ学習」になりがちなのだが、先にも述べたようにアクティブ・ラーニングは「グループ学習」のような型ではない。ここでのポイントは「対話」である。それは、一斉学習でもグループ学習でも生まれるものである。「対話」とは「対になること」、つまり、つながりを生む議論である。それは、子供たちが教師、仲間、取材先の方々、書物などに現れた先哲の知恵とつながり、自己の考えを広げるということである。このつながりの中で「社会的な見方・考え方」で物事を捉えることで、多面的、多角的な考察をしていくことが大切となる。例えば、「森林が多い日本なのに、なぜ木材の輸入量が増えているのか？」という学習問題に対して、ある子は「外国の木材が日本の木材よりも安いという関係性に問いをもち考える」、ある子は「林業の盛んな地域の国産木材の違いといった空間的な問いをもち考える」、ある子は「林業で働く人々の変化と時間的な問いをもち考える」といった見方・考え方が、授業という場でつながり始め、人工林を利用した林業の特徴といった社会的事象を「多面的」に捉え、考察するのである。そうすることで日本の林業の課題の構造が明らかになり、授業という協働の場ができあがるのだ。また、同じように、子供たちの見方・考え方がつながりだし、「災害を防ぐまちづくり」の学習では、自治体の立場で、住民の立場で、企業の立場で捉えたときには、「多角的」な考察になる。

いずれにせよ，この「つながりの場」では，様々な学習形態が考えられる。授業の中で調べる時間を設定したり，あらかじめ学習問題を子供たちに伝え，家での学習との往復を設定してもよい。ジグソー学習の要素を取り入れてもよいだろう。しかし，ここで重要なのは，社会的事象を多面的・多角的に構造化することである。本書は，どのような視点で分類していくかを各時間ごとに例示している。参考にしていただきたい。

③　次時へ見通しをもつ主体的な学び（創り出す場）

　1時間の学びのまとめの場である。ここでは，問題解決の見通しをもって取り組んできた子供たちが，一様の納得を生み，その上で学習を振り返る場である。振り返るに当たり，より子供たちが主体的に考えられるように実社会や実生活，自己に結び付けた発問をする。そうすることで，次時へ見通しがもてるように発問を設定している。

　この場を「創り出す」としているのは，社会科における「思考力，判断力，表現力等の育成」において，「考察する力」の他に「構想する力」の育成が記述されたことを受けている。また，考察，構想したことを「説明する力」，「議論する力」も提示された。つまり，社会的事象の意味を多面的・多角的に考えるだけではなく，社会に見られる課題を把握して，解決に向けて学習したことをもとに社会へのかかわり方を選択・判断する力が求められているのだ。そこで，「創り出す場」では，学んだことを自分事として捉えたり，当事者の気持ちになって考えたりし，自分の考えを構想することを行い，それを教師が評価する場として設定した。それぞれの時間に「模範解答」も記しているが，もちろんこれが正解ではない。ただ，よく授業で見られるような最後の5分間で授業の「振り返り」をノートに書き，そこに偶然書かれたことの善し悪しで評価をするのではなく，解決に向けて学んだことをもとにしているか，その妥当性や効果，実現可能性などを読み取り，評価することが重要である。

　「審議のまとめ」では「社会の形成者として主体的に参画しようとする資質・能力」という文言があり，これは社会科にとっては切り離せない問題である。自分自身と社会を結び付けて考え，構想することを積み上げていくことで，よりよい社会を考え，学んだことを社会生活に生かそうとする態度を育成することができると考える。

板書構成について

　本書の特徴の一つとして，毎時間の板書例を掲載させてもらった。もちろん私が実際に書いたものである。近年，ＩＣＴが教育現場に浸透し始め，教室に大型テレビ，実物投影機，ノートパソコン，教師や子供たちの手にはタブレット端末…という環境が珍しくなくなった。社会科は教材が命であり，大型の画面で問いを生み出す資料を提示することは極めて効果的である。私自身も，毎時間たくさんの資料を子供たちに提示しながら授業を進めている。このような授業を進めていくと，板書することがおろそかになってしまう場合がある。ともすると，大型画

面に映した資料やデジタル教科書だけで授業が成立してしまうことさえある。しかし，これでは子供たちに主体的・対話的で深い学びを生み出すことはできないだろう。なぜなら，板書にはＩＣＴ機器には代わることのできない役割があるからである。それは，社会科の本質である，「見えないものを表現する場」であるからだ。社会科は社会的事象の意味を見いだす学習である。それは見えないものであり，それを明らかにするために，事実をもとに調べ，考え，多面的に多角的にその構造を明らかにしていくのである。それが，１時間の授業の中で子供たちの思考と同期しながら進んでいくのが板書である。したがって，授業の最後には事象の意味が見えるようになっている。それが板書の役割である。また板書例を授業前に考えることは，授業者自身がその時間で扱う社会的事象の意味を構造化することができ，相互関係やつながりを表すことで概念的知識に変換していくことができるのである。以下は私自身が板書で心がけている構造化の基本構成である。参考にしていただきたい。

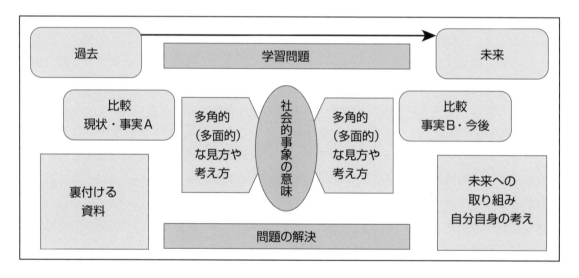

ＩＣＴの活用について

　授業構成案の中に，「ＩＣＴの活用」についてのメモも入れている。昨今ＩＣＴ機器の性能が格段と向上しており，授業の中で活用できる場面が増えている。全てＩＣＴをつかって授業をするということではなく，授業の要所で効果的に効率的につかえることが重要である。ＩＣＴの活用については，以下のようなものが考えられる。

・大型モニターに資料やグラフを提示。
・プレゼンソフトなどをつかい，アニメーション表示。
・実物投影機をつかってノートなどを提示。
・デジタル教科書やネットコンテンツによる動画視聴。
・タブレット端末を活用した集中管理。
・Google Earth などを活用した地域の俯瞰提示。

単元のまとめについて

　単元の最後にはまとめの時間を位置付けている。そこでは「新聞づくり」を取り上げた。年間通して作成することで学びを蓄積できるようにしたい。また，情報単元では情報活用宣言を作成する表現活動とした。これらの表現活動には以下のような意味がある。

・考察したことや構想したことをまとめる。
・学習過程を振り返り，結論をまとめる。
・相手意識をもって，他の児童と議論できるようにまとめる。
・自分の調べ方や学び方を振り返る。
・学習の成果を他者に伝える。
・新たな課題を見いだす。

といったものである。これらは「思考力，判断力，表現力等」を育成するものであり，中でも，主旨が明確になるように内容を考え，社会的事象について自分の考えを論理的に説明できるといった「考察したこと，構想したことを説明する力」や他者の主張を取り入れたり，自分の考えを再構成しながら，社会的事象に対する自分の考えを主張するといった「考察したこと，構想したことをもとに議論する力」を育てていく。

　本書では，表現活動を通して，身に付けてほしい「社会的な見方・考え方」を単元の内容に合わせて評価項目を設定している。

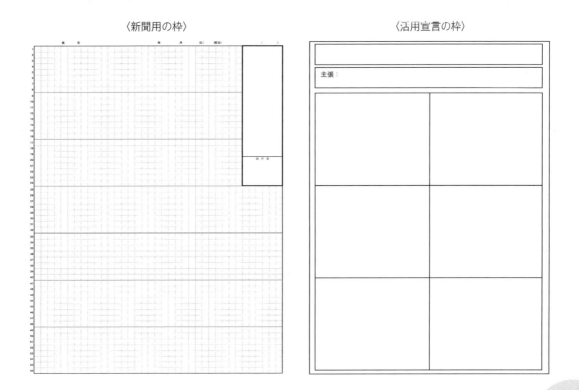

2 本書の読み方

【板書】
1時間の授業における板書例。子供たちの意見を位置付けていきながら，その時間の問題を解決し，社会的事象の構造がわかるようなレイアウトで書いています。思考の見える化的意味をもっています。

【取り扱う単元】
小学校社会科を取り扱う教科書会社「東京書籍」「教育出版」「日本文教出版」「光村図書」を総合的に見て，書かせていただいています。

5 [これからの食料生産]
3 これからの食料生産の課題は？
(学習課題No.36・1時間構成)

❶板 書　　❶深い学びを生む学習問題

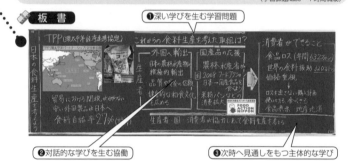

❷対話的な学びを生む協働　　❸次時へ見通しをもつ主体的な学び

アクティブ・ラーニング的学習展開

❶ 深い学びを生む学習問題（かかわる）
発問：これからますます輸入が増える？

ICT…TPP交渉参加国を提示し，太平洋という意味に気付かせる。

現在，日本では環太平洋戦略的経済連携協定（TPP…アメリカは2017年に離脱表明したために現在は発効の見通しは立っていない）に参加表明し，一部の例外（米・麦・牛肉・豚肉・乳製品）を除いては，貿易における関税がかからなくなり，これまで以上に安い外国製品が日本に輸入されることが予想されている。TPPが運用された場合には，日本の食料自給率は27％に低下するという試算が公表されており，

今後，日本の食料生産にとって大きな課題となるといえる。そこで，食料品の輸入が加速している中，日本はどのように対応していくのかといった学習問題を提示する。今後の国際情勢を考え，日本の食料生産のあり方を子供たちなりに考えさせたい。生産者や国の取り組みから消費者としてのあり方を考えていく。

【深い学びを生む学習問題】
授業の導入場面。子供たちに問いが生まれるように資料を提示し，そこから本時で取り上げる「学習問題」をつくっていきます。社会科における「見方・考え方」を引き出しながら教材にかかわり，つくることがポイントです。ここをスタートとして問題解決の学習過程をつくります。

【資料】
私自身が現地で撮影したものや教材研究の中で見つけたものをつかっています。欲しい資料がありましたら私までお問い合わせください。

【ICTの活用】
本時の学習の中で，効果的・効率的に活用できる場面を簡単に提示しました。子供たちの関心意欲を高める上で，ぜひ活用してほしいものです。

【本時のねらい】
　この時間で育成したい資質・能力です。「知識及び技能」「思考力，判断力，表現力等」「主体的に学習に取り組む態度」をもとに作成しています。

【対話的な学びを生む協働】
　子供たちが見方・考え方をつかってつくりだした「学習問題」を協働して解決していく場面です。事象のいろいろな側面を見る「多面的な考察」と，事象を立場を変えて様々な角度で見る「多角的な思考」をして，事象の構造化を図る場面です。一斉学習，グループ学習にとらわれず，子供たちの対話でできるつながりを構造化していきます。

💡 **本時のねらい**
【知識及び技能】これからの食料生産について，生産者や国が取り組んでいる努力や工夫を多角的に調べ，まとめることができる。【思考力，判断力，表現力等】また，消費者の課題を知り，今後自分たちができることを考え，発表することができる。

❷ **対話的な学びを生む協働（つながる）**
　発問：これからの食料生産を考えた取り組みにはどのようなものがあるか。

外国への輸出（生産者）	国産食品の応援（国）
・日本の農林水産物の積極的な輸出 ・品質や安全性で信頼が高い日本の食料品 ・ローカロリーな和食文化を世界に広める	・農林水産省が2008年に立ち上げたプロジェクト「フードアクション日本」 ・安全で信頼できる国産食品を食べることを推薦するプロジェクト ・米粉パンなど国産食品の消費拡大を応援する

　資料を活用しながら，生産者が市場拡大のために農林水産物を輸出している事実や国が国産品の消費拡大を支援していることを調べ，まとめる。その上で「消費者」（自分たち）に視点を切り替え，どのようにこれからの食料事情にかかわっていくべきかを考えさせたい。

❸ **次時へ見通しをもつ主体的な学び（創り出す）**
　発問：消費者が考えなければならないことは何か。

消費者の課題	消費者のこれから
・食品ロス…年間約632万トン，1人1日ご飯1杯分を捨てている計算 ・世界の食料援助は約320万トン ・安いものを買ってしまう	・ロスを出さない購入計画 ・つかい切る，食べ切る工夫 ・食品表示をよく見て選択 ・地産地消のよさ

　子供たち自身が食生活を見つめ直し，自分たちでできることを考えることが，これからの食料生産を応援していくことになることに気付かせたい。

🌸 **評価**　評価は以下の場面で考えられる
・❷の協働場面での評価…これからの食料生産について生産者や国の取り組みを調べ，まとめることができているか。
・❸の場面での評価【模範解答例】外食に行っても，食べ残すことが多かったので，今後は「ドギー・バッグ」などを利用して持ち帰るなどして，食品ロスを出さないようにしたい。また，表示をよく見て，国産のものを意識して購入したい。

【次時へ見通しをもつ主体的な学び】
　社会科における「構想する力」を育成する場です。学んだことを自分事として捉えたり，当事者の気持ちになって考えたりし，自分の考えを構想し，表現します。課題を把握して，解決に向けて学習したことをもとに社会へのかかわり方を選択・判断する力が重要です。その過程の中で次時への新たな課題を見いだしていきます。ノートに記入して，発言することが理想です。

【評価】
　主に❸の場面で書いたことの評価を模範解答例として載せました。子供たちなりの見方・考え方が本時の授業をもとに表現されているかが評価のポイントです。

1章　主体的・対話的で深い学びを実現する！社会科授業デザイン

2章
主体的・対話的で深い学びを実現する！
社会科授業づくりの教科書　板書＆展開プラン

1　[日本の国土]

1　日本は世界のどこにある？

(学習課題No.01〜02・2時間構成)

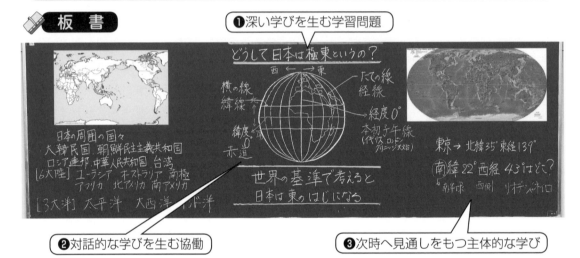

❶深い学びを生む学習問題
❷対話的な学びを生む協働
❸次時へ見通しをもつ主体的な学び

アクティブ・ラーニング的学習展開

❶　深い学びを生む学習問題（かかわる）

発問：日本は世界のどこにあるのか考えてみよう。

　5年生の社会科では，これまでの身近な地域や県内の学習から，日本全体を俯瞰して社会的事象を見いだす学習が中心となる。しかし，小学校5年生の段階では，日本中や世界中を旅行している子供はほとんどいない。そのために，日本の国土全体を実感して学ぶためには，「地図帳」や「地球儀」をいつでも使える状態にしておきたい。ここではまず，地図帳の世界地図を開き，日本の位置を確認させたい。

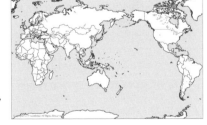

【日本の周囲の国々】大韓民国，朝鮮民主主義人民共和国，ロシア連邦，中華人民共和国，台湾（中華民国）

【6大陸】ユーラシア大陸，アフリカ大陸，北アメリカ大陸，南アメリカ大陸，オーストラリ

ア大陸，南極大陸　【3大洋】太平洋，インド洋，大西洋

　世界地図で日本の位置を確認した後に，日本が「極東」「Far East」と呼ばれていることを伝え，「なぜ，日本が東の国なのか？」という問いを生ませたい。

本時のねらい

【知識及び技能】世界の主な大陸や海洋と我が国の国土との位置関係を地図帳や地球儀で調べることができる。また，地図帳や世界地図を正しく読み取ることができる。

❷ 対話的な学びを生む協働（つながる）
　発問：なぜ，日本が「極東」といわれるのか？

　子供たちがもつ地図帳では，日本は中央に描かれている。しかし，日本はなぜ「極東地域」と呼ばれるのかを考えさせたい。方位とは，ある地点における水平方向の基準であることから，子供たちには「ある地点」を探すように投げかける。すると，子供たちは「赤道」「日付変更線」「本初子午線」などの基準らしき言葉を見つけるはずである。ここで，国際標準の世界地図を提示する。世界的に
は東西は「本初子午線（経度0度）」で，南北は「赤道（緯度0度）」で分けられていることを伝え，地図で確認することで日本が極東地域にあることを理解できるはずである。

❸ 次時へ見通しをもつ主体的な学び（創り出す）
　発問：日本の場所はどのように表すとよいか？

　地球上に基準となる線を決めていることから，日本の場所を示すいわば「住所」は，「何条何丁目」のように表現することで表すことができる。こ
こでは地球儀をつかい，日本の地球上での位置を緯度と経度で表せるように指導したい。その際，イギリスを通る本初子午線から日本側が「東経」，アメリカ側が「西経」で，0〜180度まであることや，緯度が赤道から南北にそれぞれ0〜90度まであることを確認しながら求めるようにしたい。東京は（北緯35°東経139°）。

評価　評価は以下の場面で考えられる

・❷の協働場面での評価…日本が極東地域にあることを理解することができているか。
・❸地球儀をつかい，世界中の場所を経線と緯線で表すことができているか。
【評価問題】　㋑東京の場所を緯度と経度をつかって求めなさい。
　　　　　　　㋺南緯22°西経43°は何という都市か答えなさい。（リオデジャネイロ）

1 ［日本の国土］

2　日本の国土の特徴は？

(学習課題No.03・1時間構成)

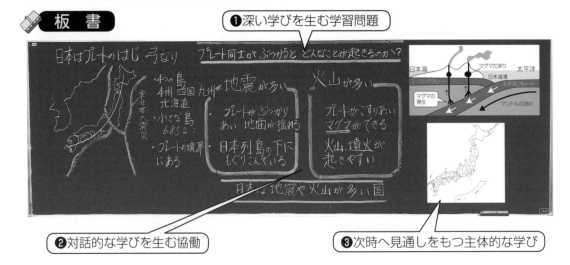

❶深い学びを生む学習問題

❷対話的な学びを生む協働

❸次時へ見通しをもつ主体的な学び

アクティブ・ラーニング的学習展開

❶　深い学びを生む学習問題（かかわる）

発問：日本はどんな形をしているか？

　日本の位置を学んだ後は，国土を学習する。まずは，日本の形の特徴を捉えさせたい。そこで，日本の形を子供たちに描かせてみる。ここで押さえておきたいことは，

- ・日本は四つの大きな島から概ね構成されている。
- ・四国→九州→北海道→本州で面積が広い。
- ・周囲に小さな島がたくさんある（6852個）。
- ・国土全体が南北に弓なりになっている。

　正しい地図と比べながら，飛び出しているところを「半島」や「岬」と呼び，それらを地図帳で確認しながら日本の形を意識させたい。

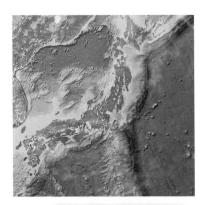

ICT…Google Earthで日本付近を観察してみるとわかりやすい。

　また，日本が弧状列島と呼ばれる「弓なり」の形であるのは，地球がプレートと呼ばれる十数枚の岩盤で覆われていることと関係している。図からもわかるように日本はプレートの端に沿って形成されているが，これはプレート同士がぶつかり合い，海洋プレートが大陸プレートに沈み込むときに盛り上がる堆積物によって島ができあがることで，弧状列島が誕生する。

本時のねらい

【思考力，判断力，表現力等】日本が弧状列島であることの仕組みから，地震や火山が多い特徴を考えることができる。また，日本の地形の特徴を表現することができる。

❷ 対話的な学びを生む協働（つながる）
　　発問：プレート同士がぶつかり合うと，どんなことが起きるだろうか？

　教科書ではプレートという言葉は扱っていないが，メディアなどで耳にした子供たちも多い。日本の国土の特徴を押さえるためにも，プレートのメカニズムを子供たちに説明したい。

地震が多い	火山が多い
・プレートがぶつかると地面が揺れる ・日本の下に潜り込んでいる	・プレートがぶつかるとマグマが生まれる ・火山が多くできる

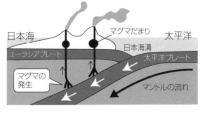

　プレートとプレートがぶつかり合うと巨大な力が働き，地盤が耐えきれず壊れたときに地震が起こる。日本は世界有数の地震大国であり，世界の地震の10％が日本で起きているともいわれる。また，プレートがぶつかり合うことで，マグマが発生する。マグマは火山の原因であり，そのマグマが日本の地下にはたくさんあることが想像できると，日本が火山大国であることが容易に理解できる。

❸ 次時へ見通しをもつ主体的な学び（創り出す）
　　発問：日本の地形を調べてみよう。

　弧状列島である日本について理解したところで，日本の地形に着目する。プレートの端で，盛り上がってできた日本列島が平らなわけはなく，地表に凹凸があることは想像できるはずだ。そこで，山脈，山地，盆地，平野などの名称を伝え，白地図などで表現していく活動でまとめる。

評価　評価は以下の場面で考えられる

・❷の協働場面での評価…日本の国土の特徴を考えることができているか。
・❸の場面での評価…白地図で的確に地形を表現することができているか。

【評価問題】日本の地形の特徴を書きなさい。
【模範解答例】日本列島の中心は山地や山脈が通っており，その間を，海に向かって川が流れている。平地は河口に集まっている。

1 [日本の国土]

3　日本の地形を調べよう（学習シート）

(学習課題No.04・1時間構成)

○地図帳を見て，次の山地，平野，河川の名称を書きましょう。

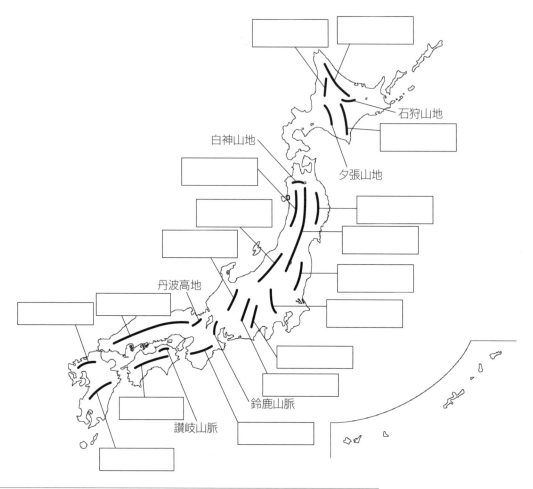

【用語の解説】
- ■山脈…頂上から頂上へと尾根によってつながっている山々
- ■山地…頂上同士が尾根によってつながっていない山々
- ■高地…明確な頂上がない山地
- ■平野…起伏が小さく，ほぼ平らな地面
- ■台地…平野や盆地よりも一段高い台状の地形
- ■盆地…周囲を山々で囲まれた平地

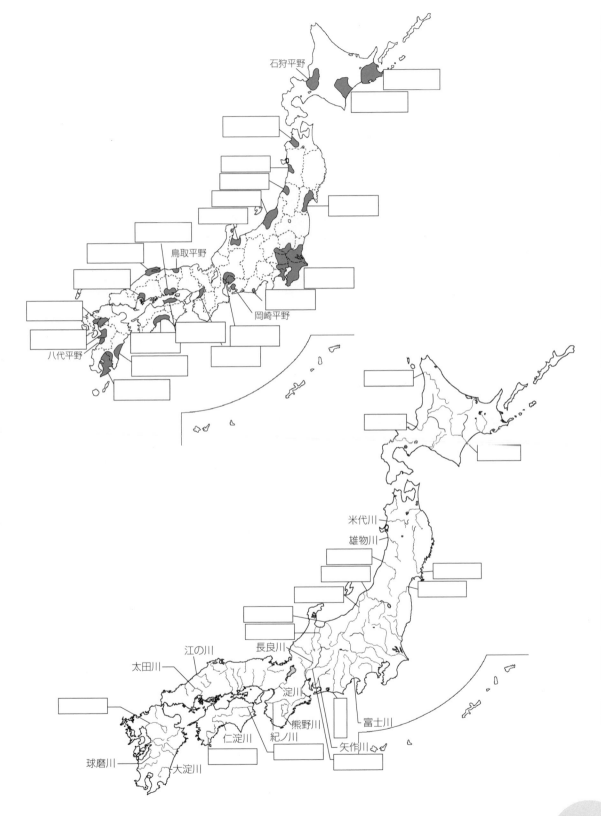

2章 主体的・対話的で深い学びを実現する！社会科授業づくりの教科書　板書＆展開プラン

1 ［日本の国土］

4　日本はどこからどこまでか？

(学習課題№05・1時間構成)

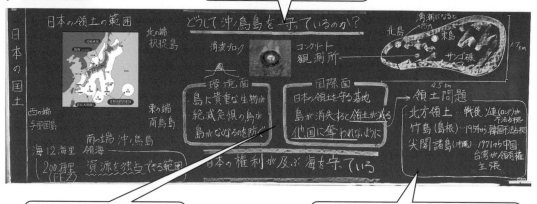

❶深い学びを生む学習問題

❷対話的な学びを生む協働

❸次時へ見通しをもつ主体的な学び

アクティブ・ラーニング的学習展開

❶ 深い学びを生む学習問題（かかわる）

　　　発問：どこから，どこまでが日本だろうか？

　ここまでの学習で日本の国土の位置や特徴を学んだ子供たちには，日本を俯瞰的に見る力が身に付いてきている。そこで，次に「日本の領土の範囲」に注目させる。日本を構成する四つの大きな島「北海道」「本州」「四国」「九州」の他にも小さな島々がいくつもある（6852個）。この島々のどこまでが日本の領土なのか。地図帳や地球儀を使って調べさせたい。

・北の端…択捉島（北方領土）　・南の端…沖ノ鳥島
・東の端…南鳥島　　　　　　　・西の端…与那国島

　日本の領土を理解した子供たちは，海はどこまでが日本のものか疑問に思うはずである。海には国際的なルールがあるため，わかりやすく教えたい。海は領土からの距離でその国の力の働く範囲が変わる。12海里（約

(海上保安庁ＨＰより)

22.2km）→領海，24海里→接続水域，200海里（約370.4km）→排他的経済水域（EEZ）である。EEZは水産資源や鉱物資源，自然エネルギーに対して，その国が独占的に行使できる範囲の海である。

本時のねらい

【知識及び技能】日本の領土を地図帳で確認し，日本の主権が届く範囲を理解する。

【思考力，判断力，表現力等】排他的経済水域をめぐる中国や韓国との問題やロシアとの北方領土の問題など，今後解決しなければいけない課題に考えをもつことができる。

❷ 対話的な学びを生む協働（つながる）

発問：なぜ，沖ノ鳥島を守っているのか？

最南端である沖ノ鳥島の写真を提示する。規則正しく囲む消波ブロックとコンクリートに囲まれた島であることを伝えることで子供たちの問いを生む。

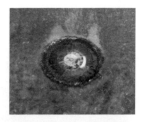

環境面	国際面
・島に貴重な動物や植物が生息している	・日本の領土を守る基地がある
・絶滅危惧の鳥が飛来する	・島が消失すると領土が減る
・島がなくなるのを防いでいる	・他の国に奪われないように

沖ノ鳥島は周囲11kmほどのコメ粒形のサンゴ礁の島である。干潮時はサンゴ礁の島が海面上に姿を表しているが，満潮時には東小島と北小島が数センチ海面上に現れるに過ぎない。戦前は3mほどあったが，風化や海食により露岩が侵食されている。国際条約上，満潮時も海面に現れていないと「島」として認められず，日本は1988年から消波ブロックの設置とコンクリート護岸工事をし，保護している。この背景には日本の領土として得られる排他的経済水域が挙げられ，豊富な水産資源や鉱物資源の権利を守っている。

❸ 次時へ見通しをもつ主体的な学び（創り出す）

発問：日本周辺の領土問題はなぜ起きるのか？

> ICT…Google Earthを活用し，島の画像を提示する。

日本が沖ノ鳥島を保護している理由を踏まえて，日本周辺で起きている領土問題について考えたい。

- 北方領土…戦後，ソビエト連邦による不法占拠。
- 竹島（島根県）…1954年から韓国による不法占拠。
- 尖閣諸島（沖縄県）…1971年から中国・台湾が領有権を主張，不法操業や不法上陸などの国際問題が起きている。

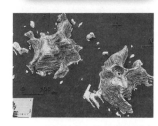

（島根県・竹島資料室）

評価　評価は以下の場面で考えられる

・❷の協働場面での評価…沖ノ鳥島について多角的に考えることができているか。

・❸の場面での評価

【模範解答例】海洋資源の所有権をめぐって国同士の問題が起きている。紛争などにならないように話し合いで平和的な解決をしてほしい。

1 [日本の国土]

5 高地と低地の暮らしを比べよう

(学習課題No.06・1時間構成)

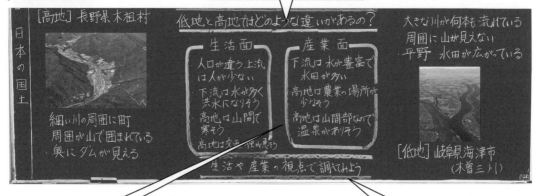

❶深い学びを生む学習問題
❷対話的な学びを生む協働
❸次時へ見通しをもつ主体的な学び

アクティブ・ラーニング的学習展開

❶ 深い学びを生む学習問題（かかわる）

発問：2枚の写真からわかることは？

　右の写真は，岐阜県海津市の木曽三川が集まった下流の写真である。木曽川，長良川，揖斐川が集まる海抜0m地帯である。右下の写真は，その木曽川の上流，長野県木祖村の写真である。奥に木曽川の源流につながる「味噌川ダム」が見える。低地と高地を学ぶ導入として，それぞれの写真から以下のことに気付かせたい。

【下流域】
・大きな川が何本も流れている。
・周りに山が見えない，平野である。
・水田が広がっている。

【上流域】
・細い川の周囲に町が見える。
・周囲が山で囲まれている。　・奥にダムが見える。

ICT…Googleマップでの3D表示がわかりやすい。

　この2枚の写真が「木曽川」でつながることから，川の上流と下流にはどのような違いがあるのかを考えることで，<u>低地と高地の暮らしの違い</u>について問いを生む。

本時のねらい

【主体的に学習に取り組む態度】木曽川の上流と下流の様子がわかる写真から，その地域の暮らしについて予想し，問題意識をもつことができる。また，その解決に向けての学習計画を立てることができる。

❷ 対話的な学びを生む協働（つながる）

発問：低地と高地ではどのような違いがあるのか？

ここではまず，写真の場所を地図で確認する。前時までにまとめている白地図も利用したい。

生活面	産業面
・人口が違う，上流は人が少ない ・下流は水が多くて洪水になりやすい ・山間は寒そう ・交通の便が違う	・下流は水が豊富だから水田ができそう ・上流は耕地がせまそう ・上流は山の近くだから温泉がありそう

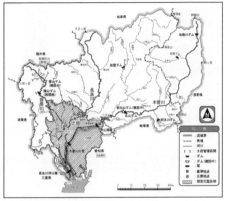

〈木曽川水系図〉（国土交通省HPより）

この単元は，教科書では「高地」と「低地」を選択することになっているが，ここでは子供たち自身が「高地」か「低地」を選択し，ジグソー式に学ぶことも可能である。

❸ 次時へ見通しをもつ主体的な学び（創り出す）

発問：調べる地域を選び，学習計画を立てよう。

○その地域の市町村名，人口→地図帳の統計など
○流れている河川の名前，周囲の山地の名前→地図帳
○その地域への行き方（交通）→地図帳・MAPナビ
○その地域の気温→気象庁ホームページ
○その地域の産業…地図帳で産物記号を探す
○その地域の歴史…市町村のホームページ

ICT…インターネットで検索するときはすぐに検索サイトではなく，目的のサイトを資料として提示するようにする。気象庁のページでは気温や降水量をグラフ化することができる。

評価　評価は以下の場面で考えられる

・②の協働場面での評価…低地と高地の違いを多面的に考えることができているか。
・③の場面での評価…学習計画を具体的に立てているか。

【模範解答例】下流域の市町村のホームページで，洪水などの災害情報について調べたい。またその対策についても調べてみる。

1 [日本の国土]

6　低地の暮らしの秘密を調べよう

(学習課題No.07・1時間構成)

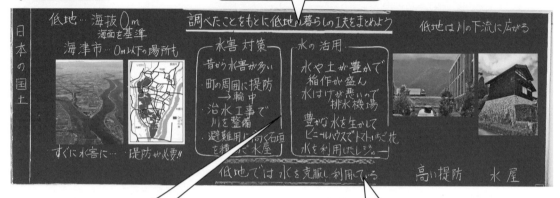

❶深い学びを生む学習問題
❷対話的な学びを生む協働
❸次時へ見通しをもつ主体的な学び

アクティブ・ラーニング的学習展開

❶ 深い学びを生む学習問題（かかわる）

　　発問：海抜０m地帯って何？

　低地を学ぶ際に，子供たちに教えなければならないのは「標高」と「海抜」である。どちらも平均海面を基準とした土地の高さである。海抜は主に海に近い地域で用いられる。そこで，右の海抜０m地帯以下の岐阜県海津市の地図を提示する。

【予想される児童の反応】
　・海よりも低いということは，水害になりやすい。
　・水が流れてこないように堤防が必要。
　・水が豊富だから，農業は盛ん。
　・雨が続くと危険かもしれない。

　問題意識を醸成させ，<u>海抜０m地帯ではどのような工夫が見られるのか</u>という学習問題をつくる。調べたことをもとに子供たちの考えをまとめたい。

💡 本時のねらい

【思考力，判断力，表現力等】低地である海津市の暮らしについて調べ，水害対策や豊富な水の利用の側面から多面的にまとめることができる。**【主体的に学習に取り組む態度】**国内の分布から，低地が河川の下流域に広がる平野に多いことを理解することができる。

❷ 対話的な学びを生む協働（つながる）

発問：調べたことをもとに低地の暮らしの工夫をまとめよう。

水害対策	水の活用
・昔から水害が多かった ・町の周囲に堤防を築いたことで輪中と呼ばれた ・水害を防ぐために治水工事を行い，川を整備してきた ・避難用に家よりも高く石垣を積んだ水屋がつくられていた	・水や土が豊かであったため，昔から稲作を行っていた ・水はけが悪かったため，排水機場をつくり，いらない水を排出できるように ・豊かな水を生かして，ビニールハウスでトマトやいちご，花などの栽培も ・水を利用したレジャーなどが盛ん

岐阜県海津市は，水害を防ぐために集落を堤防で囲み，堤防に囲まれた輪のような地域がかつては80ほど存在した。現在は治水工事が進み，輪中は30ほどにまとめられている。現在も写真のような高い堤防が見られる。

❸ 次時へ見通しをもつ主体的な学び（創り出す）

発問：他の海抜0m地帯はどんなところにあるか。

日本全国の低地を調べる。

○青森平野　○気仙沼　○九十九里浜
○関東平野　○越後平野　○豊橋平野
○岡崎平野　○濃尾平野　○大阪平野
○広島平野　○高知平野　○筑紫平野
○佐賀平野　○熊本平野

他地域を調べることで，低地は川の下流の平野に広がっていることに気付かせたい。

ICT…国土地理院のホームページでは，起伏図を3Dで表示することができる。

🌸 評価　評価は以下の場面で考えられる

・②の協働場面での評価…海津市の特徴について，水害の対策や水の活用といった見方・考え方で調べることができているか。

1 [日本の国土]

7 高地の暮らしの秘密を調べよう

(学習課題No.08〜09・2時間構成)

板書

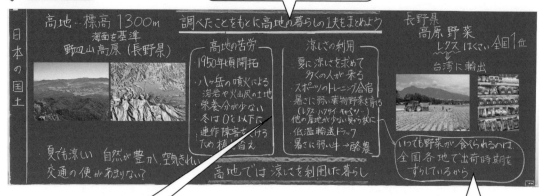

❶深い学びを生む学習問題
❷対話的な学びを生む協働
❸次時へ見通しをもつ主体的な学び

アクティブ・ラーニング的学習展開

❶ 深い学びを生む学習問題（かかわる）

発問：標高1300mの集落ではどんな工夫があるか？

　高地も低地と同じように，具体的な数字と写真で捉えさせたい。右の写真は，標高1300mに位置する長野県東部南牧村，川上村周辺の野辺山高原である。

【予想される児童の反応】

・自然が豊かで空気もきれい。
・夏でも涼しそう。
・冬はとても寒そう。
・行くのが大変。交通機関があまりない。
・山が近いから，噴火とかないのか。

ICT…国土地理院のホームページでは，起伏図を3Dで表示することができる。

　問題意識を醸成させ，標高1300m地帯ではどのような暮らしの工夫が見られるのかという学習問題をつくる。調べたことをもとに子供たちの考えをまとめたい。

本時のねらい

【知識及び技能】高地である野辺山高原の暮らしについて調べ，高地での苦労や涼しさを生かす産業の側面から多面的にまとめることができる。【思考力，判断力，表現力等】出荷時期をコントロールすることで多くの食材が一年を通じて食べることができることに気付く。

❷ 対話的な学びを生む協働（つながる）

発問：調べたことをもとに高地の暮らしの工夫をまとめよう。

高地の苦労	涼しさの利用
・1950年頃，多くの人々が開拓のために森林を切り開いた ・八ヶ岳の噴火による溶岩や火山灰の土地で，栄養分がなく農業に適さない ・冬は寒く気温が0度以下に ・連作障害を避けるために，植える場所を年ごとに変える	・夏に涼しさを求めて多くの人が来る ・スポーツのトレーニング合宿 ・暑さに弱い葉物野菜を育てる 　（レタス・はくさい・キャベツなど） ・他の産地が少ない夏から秋に出荷 ・低温輸送トラックで出荷 ・暑さに弱い牛の飼育をし，酪農を営む ・牛の糞などを土の栄養につかう

　長野県野辺山高原は，高原野菜としてレタスやはくさい，キャベツといった葉物野菜を生産しており，レタスやはくさいは全国1位（長野県）の生産量である。やせた土地であった野辺山高原の人々の高地を生かした努力に気付かせたい。また，現在は低温技術を生かし，船便で1週間かけて台湾にレタスを輸出している。

❸ 次時へ見通しをもつ主体的な学び（創り出す）

発問：野菜の出荷時期を調べてみよう。

　野辺山高原のレタスのように，他の産地が出荷できない時期に高原野菜を出荷することで，私たちは年中，野菜を食べることができる。スーパーに行ったときに，よく食べる野菜の産地と価格を定期的に調べるようにしたい。また地元の中央卸売市場のホームページで冬場の「市況」データを調べると，全国各地から野菜が集まっていることがわかる。

※東京卸売市場（1月）→大根（神奈川），人参（千葉），レタス（静岡），トマト（熊本）

評価　評価は以下の場面で考えられる

・❷の協働場面での評価…野辺山高原の特徴について，高地の苦労や冷涼な気候の利用といった見方・考え方で調べることができているか。

1 [日本の国土]

8　日本の気候の特色を調べよう

(学習課題No.10～11・2時間構成)

板書

❶深い学びを生む学習問題

❷対話的な学びを生む協働

❸次時へ見通しをもつ主体的な学び

アクティブ・ラーニング的学習展開

❶　深い学びを生む学習問題（かかわる）

発問：同じ3月なのにどうしてこんなに違う環境なのか？

〈石垣島（沖縄県）〉　〈小城公園（佐賀県）〉　〈白馬スキー場（長野県）〉　〈流氷（北海道）〉

　4枚の写真は，全て3月に撮られたものである。沖縄では海開きをし，北海道では流氷がやってくる季節。これらの写真を比べることで以下のような問いを生ませたい。

・同時期なのにどうしてこんなに様子が違うのか。
・これだけ環境が違うのは気温が違うからか。
・桜が咲く時期も違うのはなぜか。

　問題意識を醸成させ，日本の気候の特色には何があるかという学習問題をつくる。

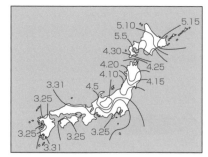

〈桜開花予想〉

本時のねらい

【思考力，判断力，表現力等】日本各地の気温や降水量を活用して調べてまとめるとともに，気温の違いや降水量の違いの原因について，雲の動きや地形から関係付けて考えることができる。

❷ 対話的な学びを生む協働（つながる）
発問：日本の気候にはどんな特徴があるのか。

ICT…気象庁のホームページで日本の各地点の気温や降水量を調べ，グラフ化する。

気象庁のホームページから日本各地の都市の気温や降水量を調べることができる。ここでは，日本の気候区分に沿って白地図にまとめるとよい。

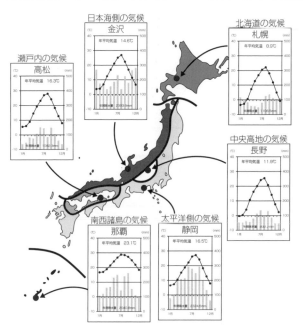

①北海道の気候
　→寒さが厳しい，少雨
②太平洋側の気候
　→夏高温多雨
③日本海側の気候
　→冬の降水量が多い
④中央高地の気候
　→夏と冬の気温差大きく少雨
⑤瀬戸内の気候
　→1年を通して少雨
⑥南西諸島の気候
　→1年を通して高温多雨

❸ 次時へ見通しをもつ主体的な学び（創り出す）
発問：気温や降水量の違いの原因は何か。

気温の違いについては，日本が南北に弓なりの形であることから考えさせたい。雨量については，雲ができる仕組みが「水蒸気を多く含む空気」「空気が上昇」することを説明し，「海面上の空気」「山地」「風」をキーワードに次時につなげたい。

【予想される児童の考え】〇雨が降るのは雲が多く発生するからだ。　〇雲が海の上でできるとすると風も関係している。　〇太平洋側と日本海側でなぜ特徴が違うのか。

評価　評価は以下の場面で考えられる。
・②の協働場面での評価…気温や降水量のデータをもとに日本の気候の特色を白地図にまとめることができているか。

1 [日本の国土]
9　風や山は気候と関係があるのか？
（学習課題No.12・1時間構成）

板書

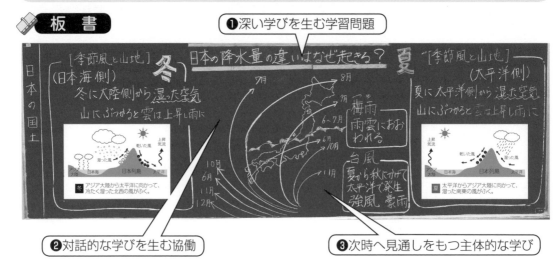

❶深い学びを生む学習問題
❷対話的な学びを生む協働
❸次時へ見通しをもつ主体的な学び

アクティブ・ラーニング的学習展開

❶ 深い学びを生む学習問題（かかわる）
発問：雨温図を比べてみよう。

　雨量の違いについて理解するために，まず雨温図の比較から，その違いを焦点化することが大切である。ここでは右の4カ所を比べたい。
- 金沢と静岡の雨量に着目すると雨量の多い時期が夏と冬とで真逆である。→季節風・山地
- 長野は降水量が低い。→山地
- 四つとも6〜7月にかけて雨量が増す。→梅雨
- 沖縄に関しては，8〜9月にかけても雨量が多い。→台風

　このように，雨温図の事実から日本の気候の特色について調べる課題を提示したい。理科の領域にもなる専門的な内容になるため難解になりやすい。そこで，「季節風」「梅雨」「台風」と課題を焦点化し，ジグソー的に調べ学習を進めることが望ましい。

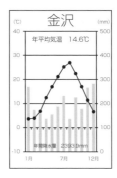
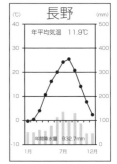
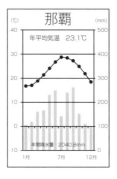
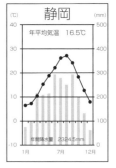

🔦 本時のねらい

【思考力，判断力，表現力等】日本各地の降水量の比較から，太平洋側，日本海側，内陸，南西諸島の気候に焦点を当て，そのメカニズムを調べてまとめることができる。

❷ 対話的な学びを生む協働（つながる）

発問：日本の降水量の違いについて調べよう。

> ICT…NHKforSchoolなどでわかりやすい動画を提示するとよい。

季節風と山地

日本は夏には太平洋側から，冬には大陸側から湿った空気を運ぶ季節風が吹く。季節風が山にぶつかると空気は上昇し雲をつくり雨を降らすことになる。日本は中央に山地が通っていることから，日本海側と太平洋側で気候が変わる。

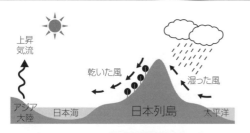

夏 太平洋からアジア大陸に向かって，湿った南東の風がふく。

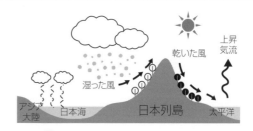

冬 アジア大陸から太平洋に向かって，冷たく湿った北西の風がふく。

梅雨	台風
6月から7月にかけて日本列島の大部分が雨雲に覆われて雨が降り続く。これは冷たい高気圧と暖かい高気圧が日本列島でぶつかり合うことで起こる。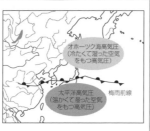	夏から秋にかけて太平洋上に発生した台風が日本付近を通過する。台風は熱帯の海の上で発生する熱帯低気圧をいい，強い風や雨をもたらす。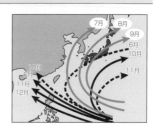

風と山地の関係を理解することで，内陸や瀬戸内が雨が少ないことを説明させるとよい。

❸ 次時へ見通しをもつ主体的な学び（創り出す）

発問：降水量の違いでそれぞれの地域ではどのような暮らしがあるか考える。

・日本海側→冬に大雪が降る。　・太平洋側→夏に雨が多く，災害も起きやすい。

🌸 評価　評価は以下の場面で考えられる

・❸の場面での評価…降水量の違いから各地域の暮らしを想像できているか。

【模範解答例】日本海側は，冬に降水量が多いので雪の対策が工夫されていると思う。太平洋側は，梅雨や台風など夏に雨が多いので水害などの対策に工夫がありそうだ。

1 [日本の国土]

10　暖かい地方と寒い地方の暮らし

(学習課題No.13・1時間構成)

 板　書

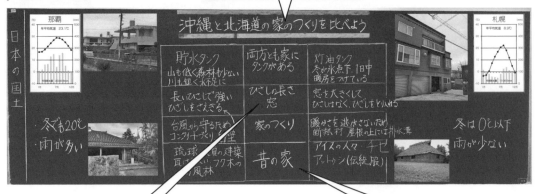

❶深い学びを生む学習問題
❷対話的な学びを生む協働
❸次時へ見通しをもつ主体的な学び

アクティブ・ラーニング的学習展開

❶ 深い学びを生む学習問題（かかわる）
　　発問：二つの地点を比べてみよう。

> **ICT**…那覇と札幌がどのくらい離れているかGoogle Earth等で確認するとよい。

　暖かい地方と寒い地方の特徴についてまとめていく。そのために，まずは2地点の違いをグラフからしっかりと読み取ることが大切だ。

・平均気温が15℃も違う。
・那覇市は冬でも20℃近くあり，札幌市の冬は氷点下である。
・一年を通じての降水量が札幌市は那覇市の半分ほど。
・札幌市は，台風や梅雨の影響が少ない。

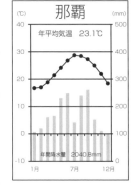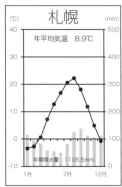

　同じ国内とは思えないほどの気候の差である。この違いを生活の中に置き換え，この二つの地域の暮らしを想像させたい。住まい，産業，文化など調べるための視点を設定し，<u>沖縄と北海道ではどのような暮らしの違いがあるか</u>といった問題を設定する。教科書では，暖かい地方と寒い地方が選択となっているが，ジグソー学習を取り入れ，協働的な形で学習を進める。家庭で調べる時間を与え，授業の中で焦点化していくこととする。

本時のねらい

【知識及び技能】沖縄と北海道の家の構造から自然条件に合わせた暮らしをしていることを理解する。また伝統的な建築様式から歴史的な背景にも触れることができる。

❷ 対話的な学びを生む協働（つながる）

発問：沖縄と北海道の家のつくりを比べてみよう。

写真は，1月の那覇市と札幌市の住居である。それぞれの気候に合わせたつくりになっていることに気付かせたい。また，昔の家のつくりから歴史的な背景も取り上げたい。

貯水タンク…沖縄は山が低く森林も少なく，川も短いために水不足になりがち	両方とも，家にタンクを設置	灯油タンク…氷点下の冬も暖かくするため冬の間はずっと暖房をつけている
長いひさしで，強い陽射しを遮る	ひさしの長さ・窓	ひさしはなく，窓も大きくして，陽射しを取り入れる
台風から守るためコンクリートで頑丈。陽射しを反射させる白壁	家のつくり	暖かさを逃がさないために断熱材が入った壁や，屋根には雪を減らす排水溝
沖縄は昔，琉球という王国があり，その頃の建築様式が今も見られる。瓦はしっくいでとめられ，フクギ防風林が植えられていた	昔の家	北海道の先住民族はアイヌの人々で，彼らはチセと呼ばれる家に住んでいた。アイヌの人々にはアットゥシ（伝統服）などの文化が残る

琉球やアイヌの人々の文化にも触れ，当時の人々の生活も想像したい。

❸ 次時へ見通しをもつ主体的な学び（創り出す）

発問：それぞれの地域に共通することは何か。

調べてまとめたことをもとに総合的に考える。

評価　評価は以下の場面で考えられる

・③の場面での評価…両地域の家のつくりから総合的に考えているか。

【模範解答例】両地域とも気候に合わせた工夫した家の構造になっている。

1 [日本の国土]

11 南北でできる砂糖

(学習課題No.14・1時間構成)

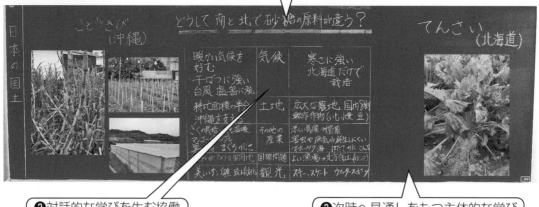

❶深い学びを生む学習問題

❷対話的な学びを生む協働

❸次時へ見通しをもつ主体的な学び

アクティブ・ラーニング的学習展開

❶ 深い学びを生む学習問題（かかわる）

発問：二つの農作物を比べてみよう。

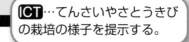
ICT…てんさいやさとうきびの栽培の様子を提示する。

まず，それぞれの地方で生産されている２枚の写真を提示し，気が付いたことを発表させる。

- 左は木のように見える。
- 倒れているようにも見える。
- 右は大根かかぶのように見える。
- 畑でつくっている。

左の写真は沖縄県の代表的農産物である「さとうきび」である。右は北海道の十勝平野で生産される「てんさい」である。どちらも「砂糖」の原料となる農作物である。砂糖の成分はほぼ「しょ糖」といい，「さとうきび」や「てんさい」に蓄えられており，それを取り出し結晶化したものが「砂糖」である。砂糖といえば「さとうきび」のイメージがあるが，実際には国内生産の８割が「てんさい」である。同じ砂糖の原料を南北の２地域で生産していることに着目させ，<u>沖縄と北海道で違う砂糖の原料をつくっているのはどうしてか</u>といった問題を設定する。砂糖の生産を通して，南北の環境を生かした産業にせまる。

本時のねらい

【知識及び技能】沖縄と北海道の家の構造から自然条件に合わせた暮らしをしていることを理解する。また伝統的な建築様式から歴史的な背景にも触れることができる。

❷ 対話的な学びを生む協働（つながる）

発問：どうして南と北で違う砂糖の原料をつくっているのか調べよう。

沖縄…さとうきび		北海道…てんさい
・暖かい気候を好む ・干ばつに強い ・台風・塩害被害に強い	気候	・寒さに強い ・北海道だけで栽培
・耕地面積の約半分 ・沖縄を支える産業	土地	・広大な農地　国内生産8割 ・転作作物（いも，小麦，豆類）
・きくの栽培…冬でも温暖 ・マンゴー，パイナップル ・黒潮…まぐろ，かじき	その他の産業	・涼しい気候を生かした酪農 ・涼しく，湿度が低いので害虫や病気が発生しにくい ・オホーツク海…ほたて，かに，こんぶ
・沖縄の10%がアメリカの軍用地	国際問題	・よい漁場である北方領土がロシアに占領されている
・美しいサンゴ礁や琉球文化	観光産業	・スキーやスケートなどのウィンタースポーツ

沖縄では，台風対策として，平張りのビニルハウスや電灯でさく時期を調整する電照菊などの工夫した産業もある。

❸ 次時へ見通しをもつ主体的な学び（創り出す）

発問：選択していない地域について感じたことを書く。

沖縄を調べた子は北海道について，北海道を調べた子は沖縄について，比較しながら感じたことをまとめる。

評価 評価は以下の場面で考えられる

・③の場面での評価…両地域の様々な特色から総合的に考えているか。

【模範解答例】両地域とも気候を生かした産業に力を入れている。また，歴史的背景も似ている部分があり，今後の国際問題にも注目したい。

1 ［日本の国土］
12　日本の国土についてまとめよう！

(学習課題No.15・1時間構成)

本時のねらい

○我が国の国土の自然などについて，地図や地球儀などの資料を活用して調べ，人々の生活や産業と国土の環境の関連を考えて白地図や作品にまとめ，適切に表現する。

学習のまとめとして，「新聞製作」を行う。ここでは，日本の国土の特徴について多面的・多角的に整理し，まとめていきたい。特に低地と高地，暖かい地方と寒い地方を比較しながら，資料を調べ，自分の考えを表現できるようにする。

アクティブ・ラーニング的記事作成

社会的な見方や考え方

ICT…各地域の特色を表す画像資料を検索し，著作権などを配慮して上手に使わせたい。

【空間的な見方・考え方】

・低地と高地，暖かい地方と寒い地方についての環境的な違いを比較し，それぞれの地域における工夫した産業の特色を調べている。

【時間的な見方・考え方】

・低地での水害，高地での荒れ地開墾の歴史や，沖縄での琉球文化，北海道のアイヌ文化の歴史を調べ，年表などを作成しながらまとめることができる。

【相互関係に着目】

・気候や地形と産業の関係，日本と近隣諸国の領土問題を関係付けて理解している。

【社会的事象を比較・分類・総合】

・低地と高地，暖かい地方と寒い地方についての地形，気候，生活，文化などを比較，分類し，それぞれの地域の特徴を総合的にまとめることができる。

【現代と結び付ける見方・考え方】

・自分たちの地域の標高や気候の特色を調べて，環境を生かした産業について関心をもち，考えることができる。

評価

新聞でのまとめ活動は，ただ教科書や資料集にあることを写し書きして，カラフルにまとめ，見栄えがよいものが高評価されることがあるが，ここでは，上記の見方や考え方でまとめているかどうかを新聞の内容から評価することが重要である。

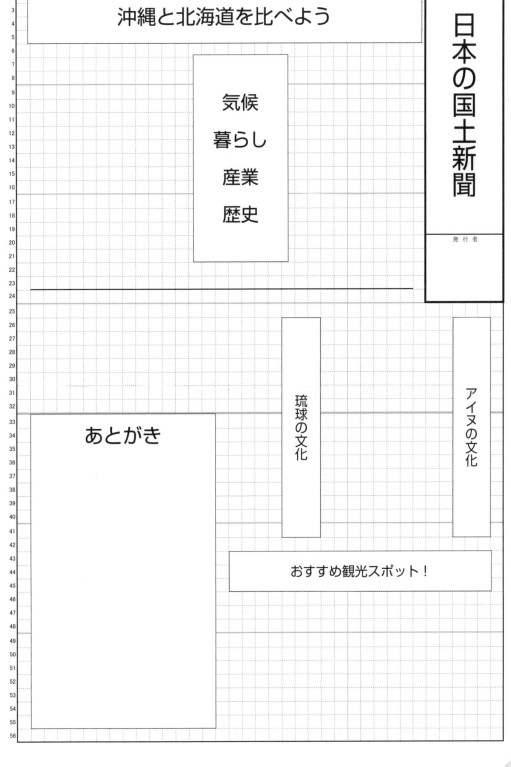

2 ［日本の食料生産］

1　私たちの食べ物

（学習課題No.16〜17・2時間構成）

板　書

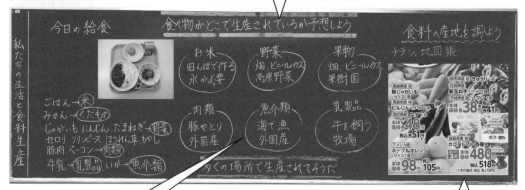

❶深い学びを生む学習問題

❷対話的な学びを生む協働

❸次時へ見通しをもつ主体的な学び

アクティブ・ラーニング的学習展開

❶　深い学びを生む学習問題（かかわる）

　　　発問：私たちの食べ物はどこでつくられているのだろうか？

　食べるということは私たちにとって，毎日の活動であり，生活の中心となる行為である。その毎日の食べ物を改めて観察することで，それがどこで生産されたのか？　いつ生産されたのか？　誰が生産しているのか？　といった空間的，時間的，関係性的な見方・考え方で問いを生み出す。

　ここでは，普段食べている学校給食を教材として取り上げ，その食材を種類分けしていく。

　・ごはん→**米**　・みかん→**果物**

　・じゃがいも，にんじん，たまねぎ，セロリ，グリンピース，ほうれんそう，もやし→**野菜**

　・豚肉，ベーコン→**肉類**　・牛乳→**乳製品**　・いか→**魚介類**

　食材を種類分けしたところで，それぞれがどこでどのように生産されているのか想像し，産地調べをする計画を立てていく。

本時のねらい

【思考力，判断力，表現力等】日頃，食べている食材の産地を予想し，資料をつかって，産地を調べることができる。また，産地と地域環境を結び付けて考え，日本の食料生産の特色に気付くことができる。

❷ 対話的な学びを生む協働（つながる）

発問：食べ物がどこで生産されているのか予想しよう。

米	野菜	果物
・田んぼでつくっている ・水が必要	・畑やビニールハウス ・高原野菜などがある	・畑やビニールハウス ・果樹園
肉類	魚介類	乳製品
・豚や鶏を飼育している ・外国からも	・海で漁をしている ・外国の海でも	・牛を飼っている ・牧場があるところ

経験や既習をもとに考えを整理していく。普段何気なく食べている食事がどこからやってきているかを意識させることが重要であり，問いを深めることにつながる。そこで，まずは身近な食べ物を調べることにする。調べる資料としては，新聞の折込である「ちらし」が望ましい（最近ではネットでちらしを閲覧できる）。ちらしから産地を調べ，白地図に印を付けていくようにしたい。また，ちらしで調べたことをもとにして地図帳で産地を確認することで，より精度を高めていきたい。上記の六つをグループで協働的に調べていく（ジグソー型）ことで，効率的に産地調べマップを完成させたい。

ICT…スーパーのホームページに掲載されているデジタルちらしを活用する。

❸ 次時へ見通しをもつ主体的な学び（創り出す）

発問：産地調べからわかる食料生産の特色は？

消費量の多い米は全国的に川を有した平野を中心に生産されている。また，野菜も全国的に生産されているが，気候を生かした促成栽培や抑制栽培が行われている。果物はそのものの気候に合った地域，酪農や畜産は広い地域で行われていることに気付かせたい。

評価　評価は以下の場面で考えられる

・❷の協働場面での評価…協働して，産地マップを完成することができているか。
※産地マップは45ページのものを利用するとよい。

2 ［日本の食料生産］

2　食料の産地を調べよう（学習シート）

(学習課題№18・1時間構成)

○以下の資料をもとにして，食料の産地を調べよう。

〈都道府県別農業産出額…合計に占める割合〉　※農林水産省（2015）

【米】		【野菜】		【果実】			【肉用牛】	
新潟	8.6	北海道	9.3	青森	10.9	りんご	鹿児島	15.9
北海道	7.7	茨城	7.9	山形	8.6	さくらんぼ	北海道	14.6
秋田	5.7	千葉	7.3	和歌山	8.0	みかん	宮崎	9.4
山形	5.0	熊本	5.3	長野	7.1	りんご	熊本	5.6
茨城	4.6	群馬	4.3	愛媛	6.3	みかん	岩手	3.6
宮城	4.2	埼玉	4.2	山梨	6.2	ぶどう	宮城	3.5
千葉	3.8	愛知	4.2	静岡	3.9	みかん	栃木	3.2
福島	3.8	栃木	3.7	福島	3.4	もも	長崎	3.0
栃木	3.5	長野	3.7	熊本	3.4	すいか	沖縄	2.8
岩手	3.4	福岡	3.3	福岡	3.1	いちご	兵庫	2.6

【乳用牛】		【豚】		【鶏卵】		【ブロイラー】	
北海道	50.2	鹿児島	11.7	茨城	8.9	宮崎	21.0
栃木	4.7	千葉	7.8	千葉	7.7	鹿児島	17.7
群馬	3.5	宮崎	7.8	鹿児島	5.4	岩手	15.1
熊本	3.5	北海道	6.9	広島	5.2	青森	6.1
千葉	3.1	群馬	6.7	岡山	4.6	北海道	4.7
岩手	3.0	茨城	6.3	北海道	4.3	徳島	2.7
愛知	2.6	岩手	4.5	愛知	4.1	鳥取	2.5
茨城	2.2	愛知	4.4	新潟	3.8	兵庫	2.4
宮城	1.6	栃木	4.2	兵庫	3.7	佐賀	2.3
長野	1.5	青森	4.1	青森	3.5	熊本	2.2

白地図上で，資料にある地域に色付けしていくことで，以下のことをまとめたい。

【稲作】北海道・東北に大きく集中　　【野菜】大都市の近郊に集中

【果物】地域によって合った果物　　【畜産】北海道や九州の広い土地に集中

3 [稲作農家の工夫や努力]

1 お米はどこから来ているのか？

(学習課題No.19・1時間構成)

❶深い学びを生む学習問題
❷対話的な学びを生む協働
❸次時へ見通しをもつ主体的な学び

アクティブ・ラーニング的学習展開

❶ 深い学びを生む学習問題（かかわる）

発問：写真からわかることを考えよう。

日本の主食であるお米づくり（稲作）は全国各地で行われており，最も主要な食料生産である。しかし，地域によっては，お米がどのように生産されているのかイメージできない子供たちもいるであろう。右の写真を提示し，社会的な見方・考え方を働かせ，いくつかの問いを生ませたい。

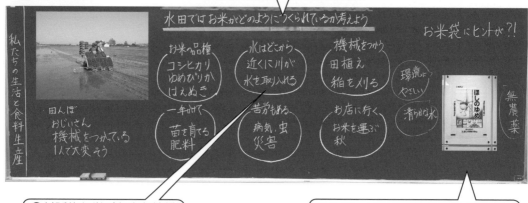

・水田の水はどこからやってくるのか。
・どんな人が働いているのか。どれくらいの人数で働いているのか。
・機械でできることはどれくらいあるのか。
・いつから始まり，いつ収穫できるのか。

ICT…Googleマップを活用し，水田がどのように広がっているか提示する。

このように，位置関係や時間の変化，働く人々といった社会的な見方・考え方で問いを見いだし，水田ではお米がどのようにつくられているのかという学習問題をつくる。

本時のねらい

【主体的に学習に取り組む態度】我が国の米の生産の様子に感心をもち，米がどのようにつくられているのかを六つの視点で問いを生み，考えることができる。また，課題を解決する計画を立てることができる。

❷ 対話的な学びを生む協働（つながる）

発問：水田ではお米がどのようにつくられているのか予想しよう。

お米の品種（品種）	水はどこから（水管理）	どんな機械が（機械化）
・コシヒカリ ・ゆめぴりか ・はえぬき	・近くに川がある ・水を取り入れる仕組み	・田植えをする ・稲を刈る機械
どんな仕事が（農事暦）	困ることはないのか（工夫）	どのようにお店に（流通）
・苗を育てる ・肥料を入れる ・朝が早い	・稲が病気になる ・虫がつく ・台風などの災害	・お店まで運ぶ人がいる ・秋に大量にできるから保存をする

経験や既習をもとに予想を整理していく。子供たちが写真から気が付いた問いをもとに，六つの視点でまとめていくようにする。教科書や資料集などの他に，事前に収集した米袋なども活用したい。米袋には「環境にやさしい」「清らかな水」「無農薬」「貯蔵」など，視点が広がるキーワードも多く書かれている。

どの都道府県でも稲作は行われているので，その地域の稲作の特色を取材しておく必要がある。どのような品種を栽培しているか，気候や自然条件における工夫などを調べ，教材化したい。

❸ 次時へ見通しをもつ主体的な学び（創り出す）

発問：お米づくりへの課題を決めて学習計画を立てよう。

まずは，米づくりの１年間を調べさせたい。教科書や資料集をはじめ各自治体発信の資料などを活用し，農事暦を作成していく。また，近くに稲作農家の方がいるときには，ぜひ見学や取材をさせてもらう計画を立てたいところだ。

評価　評価は以下の場面で考えられる

・❷の協働場面での評価…多面的に米づくりについて予想を立てることができているか。

3 [稲作農家の工夫や努力]

2　毎日，お米を食べられるのはどうしてか？

(学習課題No.20・1時間構成)

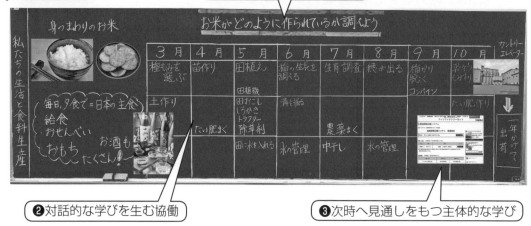

❶深い学びを生む学習問題
❷対話的な学びを生む協働
❸次時へ見通しをもつ主体的な学び

アクティブ・ラーニング的学習展開

❶ 深い学びを生む学習問題（かかわる）

　　発問：いつ，どんなふうにお米を食べているか？

　お米は日本の主食である。子供たちにとっては毎日食べる当たり前のものだが，日本の食文化の中には，子供たちが思っている以上にお米が浸透している。その事実を明らかにしていきながら，稲作に対する問いを生ませていきたい。

・毎日夕食で，ご飯を食べている。
・給食でも必ず出る。
・おせんべいもお米でつくっている。
・おもちもお米。
・お酒もお米でつくっている。

　日本の食文化にお米が浸透していることを確認したい。その上で，お米がいつでも食べられることに問いをもち，<u>お米がどのようにつくられているか</u>について問いを生ませる。

本時のねらい

【知識及び技能】教科書などの資料をつかって，我が国ではどのように米づくりが行われているかを調べ，稲の成長，土づくり，水の管理などの視点でまとめることができる。

❷ 対話的な学びを生む協働（つながる）

発問：お米がどのようにつくられているか調べよう。

3月	4月	5月	6月	7月	8月	9月	10月
種籾選定	苗づくり	田植え	稲の生長を調べる	生育調査	穂が出る	稲刈り 脱穀	乾燥 籾すり
土づくり		田起こし 代かき	溝を掘る				堆肥づくり
	堆肥まく	除草剤		農薬まく			
			水の管理	中干し	水の管理		

米づくりは，冬の間に土づくりをするところから始まる。雪の残る3月から種もみを選定し，苗づくりから始まる。収穫は9月から10月にかけてであるが，子供たちの感覚としては，「お米が完成するまでは？」という思いがあるだろう。そこで，右の写真を提示し，できたお米をもみのまま乾燥させてカントリーエレベーターに保存していることも伝える。

❸ 次時へ見通しをもつ主体的な学び（創り出す）

発問：集めたお米袋から生産年度や産地を調べてみよう。

お米のつくり方を学んだところで，日頃食べているお米がいつ，どこでつくられたかを調べてみることで自分事にしていきたい。最近の米袋は産地情報公開システムのQRコードが表示されているので利用したい。

評価 評価は以下の場面で考えられる

・②の協働場面での評価…仲間と協働的に資料をもとに米づくりについて調べ，まとめることができているか。

ICT…QRコードのリンク先は産地情報が公開されているので，実際に提示したい。

3 ［稲作農家の工夫や努力］

3　1ヘクタール当たりのお米の生産量が増えたのはどうしてか？

（学習課題No.21・1時間構成）

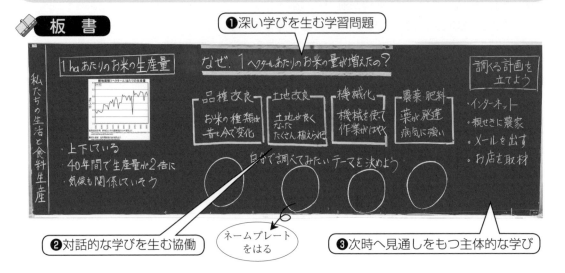

❶深い学びを生む学習問題
❷対話的な学びを生む協働
❸次時へ見通しをもつ主体的な学び
ネームプレートをはる

アクティブ・ラーニング的学習展開

❶ 深い学びを生む学習問題（かかわる）
発問：このグラフからどんなことがわかるか？

ICT…グラフをマスキングして予想させて提示する。

　右のグラフは，農林水産省によるお米の1ヘクタール当たりの生産量の推移である。乱高下の激しいグラフであるが，子供たちには総合的に生産量が増加していることに気付かせたい。グラフの1993年に異常に生産量が落ちているのは，平成の大凶作といわれた冷夏による被害である。このことから生産量は気候の影響を大きく受けることもわかる。それを差し引いたとしても，40年の間に生産量が倍増していることに問いを見いだし，<u>なぜ，1ヘクタール当たりの米の生産量が倍になったのか？</u>という学習問題をつくる。ここに米づくりにおける生産の工夫を予想させ，調べ学習に入るとよい。

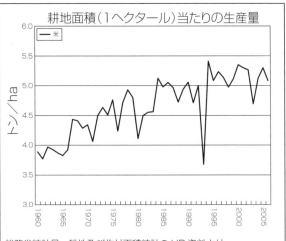

総務省統計局　耕地及び作付面積統計のHP資料より
http://www.e-stat.go.jp/SG1/estat/GL08020103.do?_toGL08020103_&tclassID=000001009112&cycleCode=0&requestSender=estat
農林水産省　食料需給表のHP資料より
http://www.maff.go.jp/j/zyukyu/fbs/index.html

> 💡 **本時のねらい**
> 【思考力，判断力，表現力等】1ヘクタール当たりのお米の生産量が増加した理由を品種改良，土地改良，機械化，農薬・化学肥料といった多面的に考え，自分なりに課題を決めて調べる計画を立てることができる。

❷ 対話的な学びを生む協働（つながる）

発問：なぜ，1ヘクタール当たりのお米の生産量が増加したのか？

お米の種類が昔と今とでは変わったのでは？	土地がよくなった。無駄なくつかえるようになった。	機械をつかって作業が速くなった。	薬などの発達で病気や害虫に強くなった。
↓	↓	↓	↓
品種改良	土地改良	機械化	農薬・化学肥料

　上記が子供たちから引き出したい予想である。それらの予想から四つの視点を取り上げて調べ，学習のテーマにさせたい。

- 品種改良…昔と現在のお米にはなぜ違いがあるのか？　どうやって違いをつくるのか？
- 土地改良…昔と現在とでは，水田の形や水を引く仕組み変わったのか？
- 機械化…時代が進むに連れて，どのようなことが機械でできるようになったのか？
- 農薬・化学肥料…時代が進むに連れて，化学的に改善することができるようになったか？

　多面的な視点の際には，子供たちにはそれぞれテーマごとに調べさせ，ジグソー学習の形をとるようにする。しかし，調べる前にそれぞれの視点を具体的に掘り下げて，調べることを明確にしておくことが大切である。また，自分が調べたこと以外のテーマについても，ジグソーで交流した後に全体でまとめていく必要はある。

❸ 次時へ見通しをもつ主体的な学び（創り出す）

発問：自分が調べることの計画を立てよう。

　最近の教室では〈調べる＝インターネット〉という様子が伺われるが，インターネットは本と同じ資料である。安易にパソコンで検索させるのではなく，近くの稲作農家や農協などに連絡をとって，質問文などを送れるようにしたい。

🌸 **評価**　評価は以下の場面で考えられる

- ❷の協働場面での評価…生産量が増えたことを多面的に考えることができているか。
- ❸の場面での評価…学習計画を具体的に立てているか。

【模範解答例】稲作農家ではどのような機械をつかっているか，それはどれくらいの価格か，機械化できないものは何かを聞いてみたい。

3 ［稲作農家の工夫や努力］

4　どうしてお米にはいろいろな品種があるのか？

(学習課題№22・1時間構成)

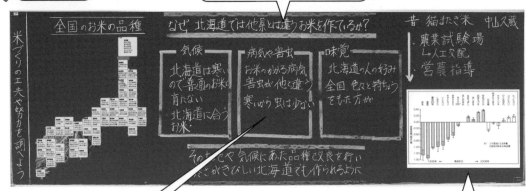

❶深い学びを生む学習問題
❷対話的な学びを生む協働
❸次時へ見通しをもつ主体的な学び

アクティブ・ラーニング的学習展開

❶ 深い学びを生む学習問題（かかわる）

発問：どうしてお米には多くの品種があるのか？

品種改良という言葉は子供たちには難しい言葉である。そこで，まずお米にはどのような品種があるのかを提示し，地域によって様々な品種があることに気付かせたい。

・全国的にコシヒカリの品種が広がっている。
・西日本はヒノヒカリが広がっている。
・東北は種類が多い。
・北海道だけ品種が違う。

資料から，コシヒカリが全国的につくられていることがわかるが，特に北海道ではコシヒカリをつくらず多くの品種を栽培していることに問いを見いだし，<u>なぜ，北海道では他県とは違う品種のお米を栽培しているのか？</u>といった学習問題を生み出したい。

（お米マイスター全国ネットワークHPより）

本時のねらい

【知識及び技能】北海道米が品種改良を重ねて、品質のよいお米を生産できるようになったことを知り、品種改良が日本の稲作に大きく貢献していることを理解することができる。

❷ 対話的な学びを生む協働（つながる）

発問：なぜ、北海道では他県と違うお米を育てているのか？

気候面	病気・害虫	味覚面
・北海道は寒いので、コシヒカリは合わない ・北海道に合ったお米を育てている	・北海道では、お米がかかる病気や害虫が違う ・逆に北海道では病気や害虫が少ない	・北海道の人はお米の好みが違う ・いろいろな味を他県に

そもそもお米は温暖な気候で育つ作物である。明治に入り、「赤毛種」を用いた稲作が普及し、石狩・空知地方に稲作が定着した。その後、寒冷な北海道でも安定した収穫量を得るために品種改良が行われ、昭和36年には北海道米の生産高が新潟県を超えて日本一になった。しかし、その後、米余りが起こり、減反政策が始まったことで、全国ではより「おいしい」お米が求められ、北海道は生き残りをかけ、1980年から「優良米早期開発事業」をスタートさせる。右の図は北海道米の食味官能値であるが、北海道のお米が「おいしい」と評判になるのが1988年に登場した「きらら397」である。その後、北海道では「ななつぼし」や「ゆめぴりか」など食味最高位ランクのお米を誕生させた。このように、地域の気候に合った、また食味のよい品種改良が全国で行われ、収穫量をあげている。

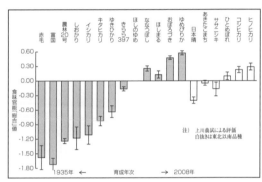

ICT…グラフをアニメーションで時間差で提示。

❸ 次時へ見通しをもつ主体的な学び（創り出す）

発問：品種改良によってどのようなよさが生まれたか。

品種改良が進んだことで、全国でお米がつくられるようになったことがわかったが、他にもどのような利点があるかを考えるようにする。

評価　評価は以下の場面で考えられる

・❷の協働場面での評価…多面的に品種改良について考えることができているか。
・❸の場面での評価

【模範解答例】多くの種類のお米をつくることにより、冷害による被害を最小限に防ぐことができる。

3 ［稲作農家の工夫や努力］

5　水田はどうして規則正しくまっすぐなのか？

(学習課題No23・1時間構成)

❶ 深い学びを生む学習問題

❷ 対話的な学びを生む協働

❸ 次時へ見通しをもつ主体的な学び

アクティブ・ラーニング的学習展開

❶ 深い学びを生む学習問題（かかわる）

発問：40年前と現在の水田の上空写真から気が付くことは？

ICT…土地のほ場整備の前後の写真を提示し，比較。

写真は，徳島市の水田地帯である。左は1975年で40年前のもので，右が現在のものである。この2枚の写真から以下のことに気付かせたい。

・水田が現在では規則正しく分けられている。
・ほぼ同じ大きさの水田。
・左側には水路のようなものが流れている。
・建物の場所はほとんど変わっていない。

（国土地理院・空中写真閲覧サービス）

このように，40年前の写真との比較から，なぜ，水田の形が規則正しく整えられたのか？という問いをもたせ，ほ場整備の理由を多角的に考えさせたい。

本時のねらい

【知識及び技能】稲作農家は国のほ場整備によって、耕地の区画が整理、機械化が促進、水路の整備がなされ、大規模農業が行われるようになったことを知り、当時の農家の人たちの気持ちを理解することができる。

❷ 対話的な学びを生む協働（つながる）

発問：なぜ、水田の形が規則正しく整えられたのか？

計画する	機械を入れる	水路を引く
・形が同じことで収穫量などの計算がしやすい ・管理しやすい	・形が整ったことで機械で作業がしやすい ・畦も整理されて機械が移動しやすい	・水路を効率的に引くには直線のほうがよい ・水路を短くできる

我が国の「ほ場整備事業」は1963年に制度化された。主に機械作業の効率化が主目的とされ、一戸の農家が分散して所有していた土地を一箇所に集積することも行われた。これに合わせて、農道を拡幅したり、用水路や排水路を分離したりするなど、水路も整備されている。また地下水も管理され、畑作利用が可能な水田として整備された。「ほ場整備」によって、大規模経営が可能になり、生産力が向上した。ちなみに、このような効率的な農業が可能になったことで労働力が都市部に移動し、高度経済成長を支えたといってよい。

❸ 次時へ見通しをもつ主体的な学び（創り出す）

発問：当時の農家の人はどんな思いだったか？

ほ場整備は国の補助金で行われた。各農家は1割程度の負担であった。ほ場整備が行われたことで農家の人がどのような気持ちだったのかを考えたい。

評価　評価は以下の場面で考えられる

・②の協働場面での評価…ほ場整備について多面的に考えることができているか。
・③の場面での評価

【模範解答例】水田への移動や水の管理が楽になり、労働時間が短くなって働きやすくなった。

3 [稲作農家の工夫や努力]

6　稲作にはどんな機械がつかわれているのか？

(学習課題No.24・1時間構成)

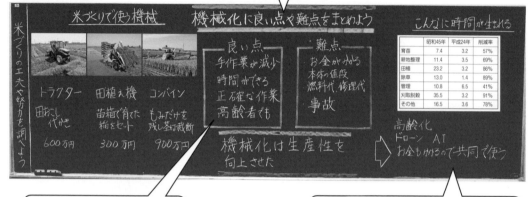

アクティブ・ラーニング的学習展開

❶ 深い学びを生む学習問題（かかわる）

発問：稲作でつかう機械にはどんなものがあるのか？

ICT…機械をクイズ形式で提示する。

調べたことをもとに稲作における機械についてまとめる。

トラクター	田植え機	コンバイン
専用の爪を取り付け、田起こしや代かきを行う	苗箱で育てた稲をセットして植える	籾だけを残し、茎は裁断して田に戻し収穫する機械
約600万円	約300万円	約900万円

　機械でできることを整理し，<u>どのようなことが効率的になり，どのようなことが苦労になるか</u>について問いを生み出し，学習問題を設定する。

本時のねらい

【思考力，判断力，表現力等】稲作農家は機械化によって，大幅に作業が効率化されたが，費用がかさむなどの問題点があることを知り，高齢化や農業人口の減少の実態を通して，これからの稲作農家について考えることができる。

❷ 対話的な学びを生む協働（つながる）

発問：機械化によるよい点と難点について考えよう。

よい点	難点
・手作業が大幅に減少することで，時間ができる ・正確に作業ができる ・高齢化が進んでも力仕事ができる	・機械本体の値段，燃料代，修理代など高額な費用がかかる ・つかい方を誤ると大けがをする可能性がある

日本の稲作農家の平均耕地面積は約2haである（北海道に限ると約21ha）。この面積を手作業ですることを想像させると，機械化の重要性が見えてくる。右の表は，農林水産省が作成した稲作10a当たりの直接労働時間の推移である。これによると，当然ながら作業時間が大きく削減されていることがわかる。しかし，一方で費用も大きくかかる。機械の発展は稲作の生産性を向上させたといえる。

	昭和45年	平成24年	削減率
育苗	7.4	3.2	57%
耕地整理	11.4	3.5	69%
田植	23.2	3.2	86%
除草	13.0	1.4	89%
管理	10.8	6.5	41%
刈取脱穀	35.5	3.2	91%
その他	16.5	3.6	78%

一方，費用が大きくかかることから，共同で購入したり，機械のある農家がない農家の作業を受託したりといった工夫もしている。

❸ 次時へ見通しをもつ主体的な学び（創り出す）

発問：稲作の機械化は今後どのように発展するか？

稲作従事者の平均年齢は約70歳である。今後，就労者が増えない限り，稲作農家はなくなってしまう。今後のことを機械化と関連させて考えさせたい。

評価 評価は以下の場面で考えられる

・❷の協働場面での評価…機械化の長所と短所を考えることができているか。
・❸の場面での評価

【模範解答例】どんどん働く人が減っていくので，自動で動く田植え機や，ＡＩをつかった水田の管理などの機械化が発展することが必要だと思う。しかし，同時に，稲作農家が増えるような取り組みも必要だと思う。

3 [稲作農家の工夫や努力]

7　農薬や化学肥料はつかいすぎてはいけないのか？

(学習課題№25・1時間構成)

板書

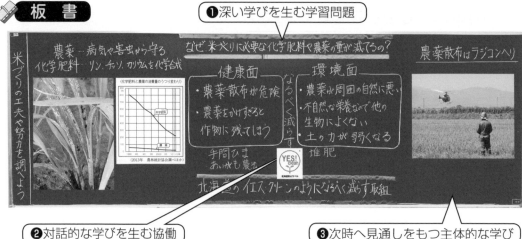

❶深い学びを生む学習問題
❷対話的な学びを生む協働
❸次時へ見通しをもつ主体的な学び

アクティブ・ラーニング的学習展開

❶ 深い学びを生む学習問題（かかわる）
発問：稲に虫がついたときはどうするのか？

ICT…イネドロオイムシをズームしていく。

　右の写真は，稲の葉を食べる害虫「イネドロオイムシ」である。また，病原菌が原因である「いもち病」などの稲の病気も稲にとっては深刻な被害である。このようなときにつかわれるのが「農薬」である。農薬には害虫や病原菌を殺す「防除剤」や稲の生育を妨げる雑草を枯らす「除草剤」などがある。また，稲の生育を助けるために農家ではたい肥の他に「化学肥料」をつかう。「化学肥料」は，自然界にあるチッソ，リン，

〈化学肥料と農薬の消費量のうつり変わり〉

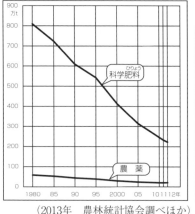

(2013年　農林統計協会調べほか)

カリウムを化学合成してつくったもので，栄養そのものなので即効性がある。しかし，消費量のグラフによるとその利用は減り続けている。そこで，<u>なぜ，米づくりに必要な化学肥料や農薬の使用量が減っているのか？</u>という問いを見いだし，学習問題を設定する。

本時のねらい

【知識及び技能】稲作農家が化学肥料や農薬を年々減らしながら生産を行っている努力や工夫を知り，日本の気候条件や耕地条件のもと，安定した生産をあげるためでなく，環境や健康の安全・安心を考えた生産をしていることを理解する。

❷ 対話的な学びを生む協働（つながる）

発問：なぜ，米づくりに必要な化学肥料や農薬の使用量が減っているのか？

健康面	環境面
・農薬を散布するにはお金がかかる ・農薬を散布するときに危険がある ・農薬をかけすぎると作物に農薬が残り，食べる人に害が起きる	・農薬が周囲の自然に悪影響 ・不自然な栄養を与えるので，他の生き物に悪影響なのでは ・自然の土の力が弱くなる

　この学習では，農薬や化学肥料が悪者にならないように注意することが必要だ。そもそも日本は温暖湿潤な国であり，主食もまた温暖湿潤を好む米である。したがって，必然的に病気や虫が増えやすい。他国と比べて農薬の量が多いのはそのためである。作物を安定供給させるためには，農薬は最低限必要である。また，化学肥料も同じようなイメージがあるが，こちらは人体には影響がない。日本のように狭い高地で，的確に稲を育てるためには，稲に合った栄養を確実に与えることができる化学肥料が大切である。ただ，化学肥料を与えすぎると土そのものがもつ栄養がなくなってくる。「土地がやせる」ということだ。したがって，各農家では堆肥をうまく使い，化学肥料の量を減らしながら稲作を行っている。

❸ 次時へ見通しをもつ主体的な学び（創り出す）

発問：北海道で進められているクリーン農業とは何か？

　北海道では広い大地，冷涼な気候を生かして，農薬や化学肥料をできるだけ減らした「クリーン農業」を行っている。そこでつくられた作物には「YES! clean」マークが表示される。このような取り組みについて考えさせたい。

〈北海道安心ラベル〉

評価　評価は以下の場面で考えられる

・❷の協働場面での評価…農薬や化学肥料の減少の理由を多面的に考えているか。
・❸の場面での評価

【模範解答例】生産量を増やしながら，農薬や化学肥料を減らし，健康や環境を意識した稲作を行っていることを知った。北海道は農業に適していると思った。

3 [稲作農家の工夫や努力]

8 米づくりにはどんな課題があるのか？

(学習課題No.26・1時間構成)

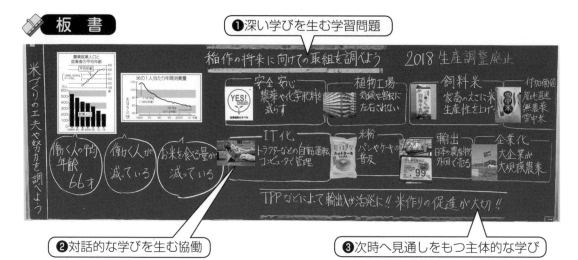

❶深い学びを生む学習問題

❷対話的な学びを生む協働

❸次時へ見通しをもつ主体的な学び

アクティブ・ラーニング的学習展開

❶ 深い学びを生む学習問題（かかわる）
発問：グラフから今後の稲作について考える。

ICT…グラフをアニメーションで提示。

右のグラフは，農業就業人口と就業者の平均年齢である。このグラフから以下のことに気付かせたい。

・農家で働いている人の平均年齢が66歳を超えている。
・農家の人が年々減っている。
・若い人が農家の仕事に就いていない。
・このままでは，どんどん農家が減っていく。

次に「米の消費量」についてのグラフを提示する。子供たちに以下のような問いをもたせたい。

・この50年でお米を食べる量が半分以下になっている。
・農家が減っていてもおかしくない。

これらから，<u>このままでは，稲作農家がどんどん衰退してしまう。これからの稲作はどうあるべきか？</u>という問いを見いだし，学習問題を設定する。

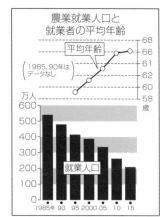

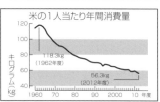

本時のねらい

【知識及び技能】農業就業者の平均年齢の高齢化や就業人口の低下、年間消費量の低下といった稲作農家の課題を知る。【思考力、判断力、表現力等】現在、稲作農家がどのような努力や工夫をしているかを調べて、自分なりの考えを表現することができる。

❷ 対話的な学びを生む協働（つながる）

発問：稲作の将来に向けての取り組みを調べてみよう。

	農薬や化学肥料を減らす安全・安心な農業	気候や害虫などに左右されない植物工場での生産（MIRAI株式会社HPより）	家畜のエサ用の米の栽培で生産高をあげる。
	スマート農業と呼ばれるIT技術を生かす農業	これからの米づくりについて提案しよう	米粉をつかったパンやケーキの普及を目指す取り組み
	日本の農作物を外国へ輸出。安全・安心でおいしいブランドに	企業が農地を借り大規模農業を展開する	産地直送で全国の特色あるお米を購入することができる

　50年ほど前から、米の生産量が消費量を上回り、国は生産調整を進めてきたが、2018年からはそれを廃止し、米づくりを促進しようとしている。その背景には、外国とのお米の取引が今後活発化（TPP）することが挙げられ、各農村では消費量を増やすために工夫した取り組みが求められている。現在、農家ではどのような取り組みを行っているか調べたことを交流させ、日本の米づくりの未来を考えさせたい。

❸ 次時へ見通しをもつ主体的な学び（創り出す）

発問：これからの米づくりについて大切なことは何か？

　②で調べたことをもとに、日本の米づくりについての課題（米の消費量の増加）を解決するための対策を提案する。

評価　評価は以下の場面で考えられる

・②の協働場面での評価…農家の様々な工夫を調べることができているか。
・③の場面での評価

【模範解答例】家畜のエサに飼料米をあげたり、米粉をつかったパンを広めたりすることで、米の消費量を増やすことができる。米の消費量が増えれば農家も増えていくと思う。

3 ［稲作農家の工夫や努力］

9　日本の農業生産についてまとめよう！

(学習課題№27・1時間構成)

💡 本時のねらい

○我が国の稲作農家について振り返り，稲作が全国に広がり主食である米を生産していることや，様々な工夫や努力によってどの地域でも生産量を高めてきたことを新聞にまとめる。また，米の消費量の減少や高齢化の問題などについて考えることができる。

　学習のまとめとして，「新聞製作」を行う。ここでは，日本の稲作農家の特徴について多面的・多角的に整理し，まとめていきたい。稲作における様々な課題に触れ，これからの稲作農家のあり方について自分なりの考えを表現できるようにする。

アクティブ・ラーニング的記事作成

社会的な見方や考え方

【空間的な見方・考え方】

← ICT…各地域の特色を表す画像資料を検索し，著作権などを配慮して上手につかわせたい。

・各地域で生産されている「お米」について調べ，その地域の特色や流通の仕組みについて地図などをつかって調べている。

【時間的な見方・考え方】

・稲作における土地改良の歴史や，就業人口の変化などを資料やグラフから調べ，まとめることができる。

【相互関係に着目】

・稲作における生産者，消費者，国の関係や日本と外国との関係について捉え，それぞれの立場を理解し，考えることができる。

【社会的事象を比較・分類・総合】

・他地域の特色ある稲作やお米の品種を比較しながら，特徴を総合的にまとめることができる。

【現代と結び付ける見方・考え方】

・地域の稲作でつくられている品種などを調べ，自分たちの地域でどのようなお米がつくられているのか表現することができる。

🌸 評　価

　新聞でのまとめ活動は，ただ教科書や資料集にあることを写し書きして，カラフルにまとめ，見栄えがよいものが高評価されることがあるが，ここでは，上記の見方や考え方でまとめているかどうかを新聞の内容から評価することが重要である。

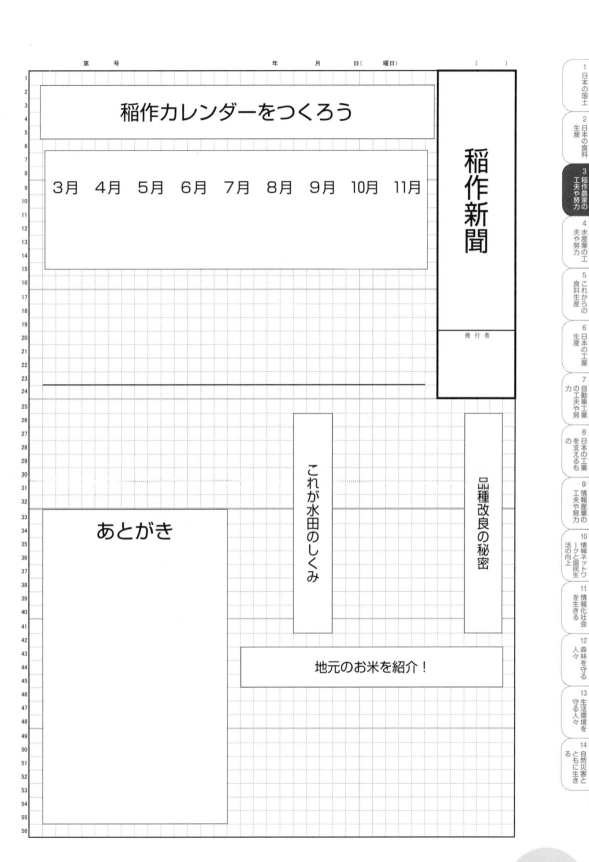

4 [水産業の工夫や努力]

1 日本はたくさんの魚を食べている?!

(学習課題No.28・1時間構成)

板書

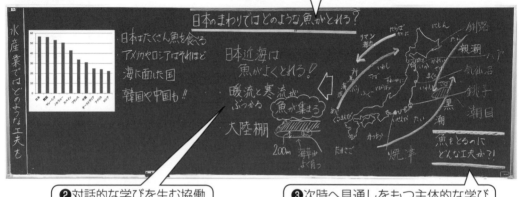

❶深い学びを生む学習問題
❷対話的な学びを生む協働
❸次時へ見通しをもつ主体的な学び

アクティブ・ラーニング的学習展開

❶ 深い学びを生む学習問題（かかわる）
発問：グラフからわかることは何か？

ICT…グラフをマスキングして提示。

右のグラフは，主な国の一人当たりの魚介類年間消費量である。このグラフから以下のことに気付かせたい。

・日本が一番たくさん魚を食べている。
・アメリカやロシアは魚を思ったほど食べていない。
・どの国も海に面している。
・韓国や中国ととり合いになる。

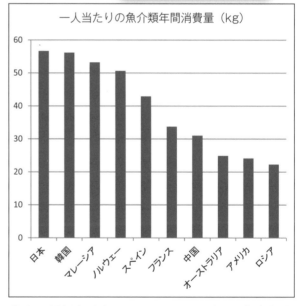

グラフはＦＡＯの統計資料（2009）から作成したものであるが，日本はモルジブ，アイスランド，キリバス，ポルトガル，セーシェルに次いで，世界ランキング６位であり，世界有数の漁業国である。普段何気なく食べている魚介類を子供たちと確認し，多くの種類を確認しながら，それだけの<u>魚介類をどこでどのように獲っているのか</u>という問いを見いだし，学習問題を設定する。

本時のねらい

【知識及び技能】一人当たりの魚介類年間消費量から，日本が世界でも有数の漁業国であることを知り，日本近海ではどのような魚が獲れるのかを資料をもとに調べることができる。また調べた結果から，日本近海の漁業の特徴に気付くことができる。

❷ 対話的な学びを生む協働（つながる）

発問：日本の周りではどのような魚が獲れるのか調べてみよう。

・暖流と寒流を記入。
・日本近海の魚を記入。
・主な漁港の水揚げ量を記入。

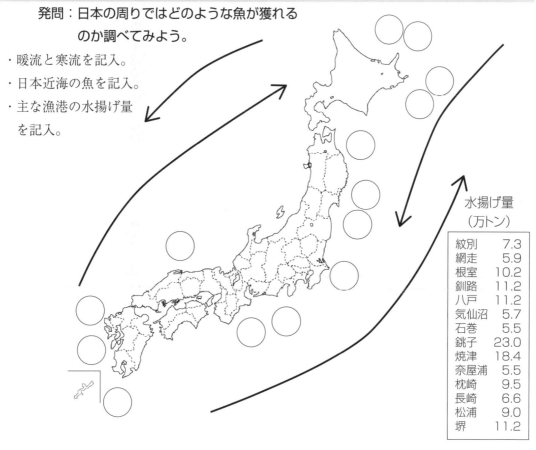

水揚げ量（万トン）

紋別	7.3
網走	5.9
根室	10.2
釧路	11.2
八戸	11.2
気仙沼	5.7
石巻	5.5
銚子	23.0
焼津	18.4
奈屋浦	5.5
枕崎	9.5
長崎	6.6
松浦	9.0
堺	11.2

❸ 次時へ見通しをもつ主体的な学び（創り出す）

発問：作成したマップからどのようなことがわかるか？

日本の近海は大陸棚が広がり，潮目付近は良好な漁場になっている。

評価　評価は以下の場面で考えられる

・❷の協働場面での評価…資料から水揚げ量マップを作成することができているか。
・❸の場面での評価

【模範解答例】太平洋側の海流のぶつかるところを中心に魚が獲れ，漁港も集中している。

4 [水産業の工夫や努力]

2 どうやって魚を獲っているのか？

(学習課題No29・1時間構成)

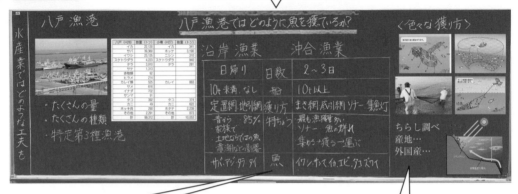

❶ 深い学びを生む学習問題
❷ 対話的な学びを生む協働
❸ 次時へ見通しをもつ主体的な学び

アクティブ・ラーニング的学習展開

❶ 深い学びを生む学習問題（かかわる）

発問：八戸漁港にはどんな魚が集まるのか？

右の表は，八戸漁港と小樽漁港の水揚げ量の比較である。獲れる魚の種類や量からも八戸漁港が日本有数の漁港であることがわかる。八戸は特定第3種漁港（全国規模で特に重要）と指定されている。理由としては，太平洋側の寒流（千島海流・親潮）と暖流（日本海流・黒潮）がぶつかる好漁場「潮目」に面した漁港であることが挙げられる。

では，実際に<u>魚介類をどのように獲っているのか</u>という問いを見いだし，学習問題を設定する。魚の獲り方を予想させ，資料で調べながらまとめていきたい。その際，船の大きさや日数なども視点に入れるとよい。

八戸 (H28)	数量（トン）	小樽 (H27)	数量（トン）
イカ	22,120	イカ	341
サバ	39,360	ホッケ	3,190
イワシ	23,125	ニシン	310
スケトウダラ	4,223	スケトウダラ	940
タラ	3,910	タラ	281
サケ	1,313		
赤物類	92		
ヒラメ	214		
カレイ類	525	カレイ	883
サメ	616		
イナダ	702		
サンマ	91		
タコ	392	タコ	374
カニ	49	カニ	622
ホッキ貝	290	ホタテ	2,239
その他	2,291	その他	873
計	99,312	計	10,053

ICT…漁港の写真を提示。

本時のねらい

【知識及び技能】八戸漁港で水揚げされている魚を通して，どのように魚が港に集まってくるかを資料をもとに調べ，沿岸漁業，沖合漁業の視点でまとめることができる。また，身近な魚がどこから来ているのかを調べることができる。

❷ 対話的な学びを生む協働（つながる）

発問：どのように魚を獲っているのか調べよう。

	沿岸漁業	沖合業業
日数	日帰り	2～3日
船	10トン未満，または使用しない	10トン以上
獲り方	定置網・地引網	まき網・底引き網・ソナー・集魚灯
特徴	・昔から行われている ・家族でやる人が多い ・漁師の85％ ・その土地ならではの魚 ・プランクトンが増殖する「赤潮」や死滅する「青潮」の影響を受ける	・一番漁獲量が多い（4割） ・ソナー（魚群探知機）をつかい，魚の群れを追う ・集魚灯で魚を集める，まき網で魚を獲る，魚を運ぶといった役割分担で船団を組む
魚	サバ，アジ，タラ，タイなど	イワシ，サンマ，イカ，エビ，タコ，ズワイガニ

　日本近海は，海岸線から水深200mくらいまでの海底の傾斜がゆるやかな「大陸棚」が広がっており，この領域は太陽光線がよく届くので，魚の餌となるプランクトンがたくさん生息する。したがって，多くの魚が集まり，よい漁場となっている。

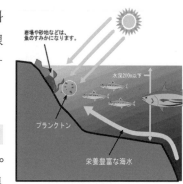

（とよま市漁業協同組合HPより）

❸ 次時へ見通しをもつ主体的な学び（創り出す）

発問：身近な魚はどこから来ているのか調べてみよう。

　ちらしを見たり実際にスーパーなどに行き，売られている魚がどの地域（海域）のものか調べるように促し，気が付いたことをまとめるようにする。

評価　評価は以下の場面で考えられる

・②の協働場面での評価…資料から沿岸，沖合漁業についてまとめることができているか。
・③の場面での評価

【模範解答例】北海道沖太平洋や青森県沖太平洋など，沖合漁業と思われる魚介物がたくさんあった。また外国産のものもあった。

4 ［水産業の工夫や努力］

3　獲った魚はどうなるのか？

(学習課題No.30・1時間構成)

板書

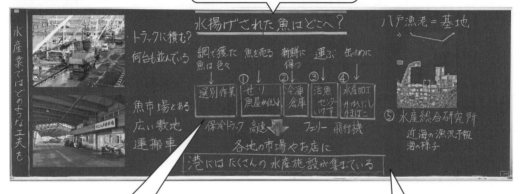

❶深い学びを生む学習問題
❷対話的な学びを生む協働
❸次時へ見通しをもつ主体的な学び

アクティブ・ラーニング的学習展開

❶　深い学びを生む学習問題（かかわる）
発問：船から水揚げされた魚はどこに？

ICT…漁港の写真を提示。

　右の写真は，八戸漁港のサバの水揚げの様子である。また，右下の写真は，八戸漁港にある魚市場の写真である。この２枚の写真を提示し，以下のことに気付かせたい。

・獲った魚をトラックに積んでいる。
・何台も並んでいるので多くの魚が運ばれる。
・魚市場と書いてある。
・かなり広い敷地がある。
・小さな運搬車が並んでいる。

　ここでは，水揚げされた魚がどこに運ばれるのかを予想させ，<u>魚介類が港に水揚げされるとどこに運ばれるのか</u>という問いを見いだし，学習問題を設定する。

💡 本時のねらい

【知識及び技能】八戸漁港で水揚げされた魚が、その後どのような手順で私たちの手元に届くかを想像し、資料から調べる活動を通して、漁港が水産業にとって欠かせない複合施設が集まる基地であることを理解できる。

❷ 対話的な学びを生む協働（つながる）

発問：水揚げされた魚介類はどこへ行くのか調べよう。

網で獲った魚はいろいろと混ざっている	獲った魚を魚市場に並べる	魚を新鮮に保つために冷凍に	生きたまま運ぶことも	すぐに缶詰などにすることもある
⬇	⬇	⬇	⬇	⬇
選別作業	①せりを行い、魚屋さんが仕入れる	②冷凍倉庫に入れて保管する	③活魚センター（いけすで泳がせておく）	④水産加工施設（塩辛、缶詰、鰹節、かまぼこ）
保冷トラック 高速道路			フェリー 飛行機	
各地の市場やお店へ				

　水揚げする漁港は、水産業にとっての基地になっている。市場、冷凍倉庫、活魚センター、加工施設が隣接され、すぐに出荷できるように大きなトラックが出入りしやすい駐車場も広がる。また、⑤水産総合研究所も隣接していて、海洋環境や水産資源の研究をしており、近海の漁況予報や海の様子などを細かく分析している。

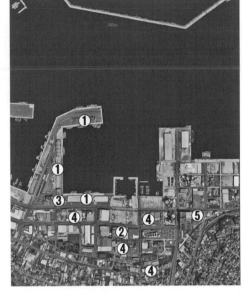

❸ 次時へ見通しをもつ主体的な学び（創り出す）

発問：全国にはどのくらいの漁港があるのか？

　写真は八戸漁港である。八戸は全国に13ある「特定第3種漁港」であり、その規模は最大級である。全国には大小合わせて2866の漁港があり、地域の港を調べてみるとよい。

🌀 評価　評価は以下の場面で考えられる

・❷の協働場面での評価…水揚げ後の魚の行き先をまとめることができているか。
・❸の場面での評価…地域の港を見つけ、どのような魚介類が水揚げされているかを調べることができているか。

4 ［水産業の工夫や努力］

4 焼津漁港が他の漁港と違うのはどうしてか？

（学習課題No.31・1時間構成）

板　書

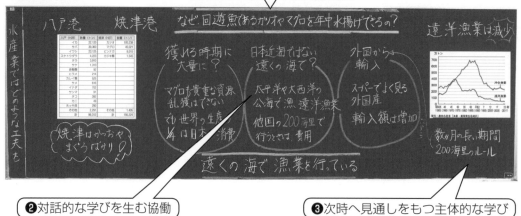

❶深い学びを生む学習問題
❷対話的な学びを生む協働
❸次時へ見通しをもつ主体的な学び

アクティブ・ラーニング的学習展開

❶ 深い学びを生む学習問題（かかわる）

発問：八戸と焼津を比較しよう。

ICT…マグロやカツオの商品の写真を提示。

　八戸漁港は，他の漁港と同じように多くの種類の魚を獲っているが，焼津漁港（焼津地区）では，カツオやマグロに特化した漁業が行われている。カツオやマグロは回遊魚であり，常に日本近海にいる魚ではない。そこで，子供たちにカツオやマグロが生活の中にどれほどなじんでいるかを考えさせたい。

・かつお節やだし汁によく使う。
・マグロはお寿司屋さんで食べる魚。
・ツナ缶の中に入っているのはカツオやマグロの身だ。

　日本で年中，よく食べられるカツオやマグロは，日本近海には決まった時期しかいないのに，どうして年中水揚げすることができているのか？という問いを見いだし，学習問題を設定する。

八戸（H28）	数量（トン）	焼津（H27）	数量（トン）
イカ	22,120	カツオ	100,238
サバ	39,360	マグロ	45,021
イワシ	23,125	ビンナガ	8,015
スケトウダラ	4,223	カジキ類	1,545
タラ	3,910		
サケ	1,313		
赤物類	92		
ヒラメ	214		
カレイ類	525		
サメ	616		
イナダ	702		
サンマ	91		
タコ	392		
カニ	49		
ホッキ貝	290		
その他	2,291	その他	1,405
計	99,312	計	156,224

本時のねらい

【知識及び技能】焼津漁港がカツオやマグロに特化した漁業を行っている事実から，遠洋漁業について知り，200海里水域や輸入の増加について理解する。【思考力，判断力，表現力等】遠洋漁業の生産量が減少している理由を200海里や輸入増加と関連させて考える。

❷ 対話的な学びを生む協働（つながる）

発問：なぜ，回遊魚のカツオやマグロを年中水揚げできるのか。

獲れる時期に大量に獲っている	日本近海ではない遠くの海で獲っている	外国から輸入している
○マグロも貴重な資源であるので乱獲はしない ○世界で漁獲されるマグロの4分の1を日本が消費している	○太平洋や大西洋の公海で漁をする「遠洋漁業」 ○他国の200海里水域で行うときは多くの手続きや費用が必要	○スーパーには多くの輸入品が並んでいる ○水産物の輸入額は増加している

　焼津漁港は，カツオやマグロを遠洋漁業で漁獲することに特化した漁港である。カツオやマグロは回遊魚であるため，その魚群を追いながら，太平洋や大西洋などの公海まで出かけ，大型の船で数カ月も漁獲する。しかし，国際的に水産資源を守ることになり，200海里のルール（1977）ができたことで，遠洋漁業は減少している。予想から，水産資源や外国からの輸入についても関連させ，まとめていきたい。

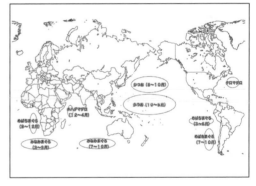

❸ 次時へ見通しをもつ主体的な学び（創り出す）

発問：遠洋漁業が減少している原因は何か？

②で見えてきた事象から，右のグラフについて考え，遠洋漁業の減少についてまとめる。

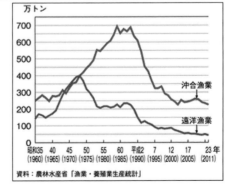

評価 評価は以下の場面で考えられる
・③の場面での評価

【模範解答例】200海里ルールができた頃から遠洋漁業は衰退し，代わりに沖合漁業が増えている。近年は輸入も増えたことで漁業自体が衰退しているといえる。

4 [水産業の工夫や努力]

5 なぜ，養殖業だけが増えているのか？

(学習課題No.32・1時間構成)

板書

❶深い学びを生む学習問題

❷対話的な学びを生む協働

❸次時へ見通しをもつ主体的な学び

アクティブ・ラーニング的学習展開

❶ 深い学びを生む学習問題（かかわる）
発問：グラフからわかることは何か？

ICT…グラフや養殖の様子を提示。

右のグラフは，沿岸漁業と養殖業の生産量のグラフである。子供たちには以下のことに気付かせたい。

・沿岸業業は1985年をピークに減少。
・養殖業は年々増加している。
・現在は沿岸業業と養殖業は同じぐらい。
・沿岸漁業は減少しているのに，養殖業は現状維持している。

前時までの学習で水産物の輸入が増えた分，日本の漁業が衰退していることを学んでいるため，沿岸漁業の生産高の減少は理解ができ

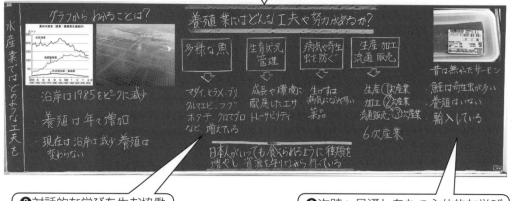

（農林水産省「漁業・養殖業生産統計」）

る。しかし養殖に関しては，輸入が増えているのに養殖業が減少していないのはどうしてか？という問いを見いだすはずであり，そこから，養殖業にはどんな努力や工夫があるのかを学習問題として設定する。

本時のねらい

【知識及び技能】 国内の漁業生産量が減少していく中、養殖業が増加、現状維持をしていることを知り、その背景にある養殖業に携わる人たちの工夫や努力を考えることができる。また外国産の養殖品から養殖が世界にも広がっていることを理解する。

❷ 対話的な学びを生む協働（つながる）

発問：養殖業にはどんな工夫や努力があるのか調べよう。

多様な魚が養殖できるようになった	生育状況をしっかりと管理している	病気や寄生虫の感染を防ぐ	生産から加工，流通，販売もできる
マダイ，ヒラメ，ブリ，クルマエビ，フグ，ホタテ，クロマグロなど多くの種類	成長や環境に配慮したえさ，計画的に出荷，トレーサビリティを取り入れる	いけすで育てると病気になりやすいので薬品を使用，寄生虫の排除	生産（1次産業），加工（2次産業）流通販売（3次産業）を複合化

　水産資源の減少や世界的な魚食ブームなどで日本の漁業生産は減少傾向である。そのため，安定した生産を見込める養殖産業は重要視されている。近年は技術の発達により，養殖する魚介類が増え，マダイ，ブリ，クロマグロ，クルマエビなどは天然物よりも生産が多い。また，計画的に生産できることや良質なえさを与えることで，ブランド化しやすく，最近では国の指導もあり，生産→加工→輸送→販売を複合的に行う「6次産業化」が進んでいる。

❸ 次時へ見通しをもつ主体的な学び（創り出す）

発問：チリ産の養殖とはどういう意味か？

　サーモンと呼ばれる寿司ネタは「鮭」である。日本人はもともと寄生虫の関係で鮭を生で食べることはなかったが，養殖鮭には寄生虫の心配はない。

評価　評価は以下の場面で考えられる

・❷の協働場面での評価…養殖の工夫や努力を多面的にまとめることができているか。
・❸の場面での評価

【模範解答例】 チリ産ということはチリで養殖されたサーモンということ。そのサーモンを日本は輸入しているようだ。日本では鮭の養殖はしていないのか，調べてみたい。

4 ［水産業の工夫や努力］
6 育てた魚をどうして放すのか？

(学習課題No.33・1時間構成)

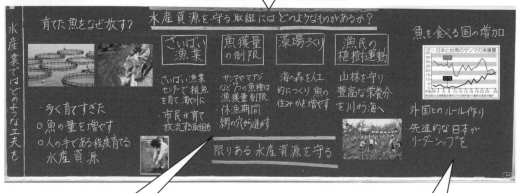

❶深い学びを生む学習問題

❷対話的な学びを生む協働

❸次時へ見通しをもつ主体的な学び

アクティブ・ラーニング的学習展開

❶ 深い学びを生む学習問題（かかわる）
発問：育てた魚をなぜ放すのか？

ICT…放流の様子の動画などを公開。

子供たちに2枚の写真を提示する。右の写真は、稚魚を育てているいけすである。しかし、右下の写真は育てた稚魚を放流している様子である。養殖の仕組みを学んだ子供たちは、せっかく育てた稚魚をどうして放流しているのかといった問題意識をもつであろう。その理由について考えるとき、以下のことに気付かせたい。

・多く育てすぎたので逃している。
・魚の量を増やすために育てている。
・人の手で育てることで成長をする魚を増やす。

放流という事実から「水産資源」という視点をもたせたい。魚類は卵から稚魚になるまでが最も育つのが難しい時期であり、その時期を手助けして放流することを栽培漁業と呼ぶ。では、水産資源を守る取り組みは他にどのようなものがあるのかを学習問題として設定する。

（倉敷市農林水産課HPより）

74

本時のねらい

【知識及び技能】栽培漁業の取り組みから，水産資源を守る取り組みを行っていることを調べ，まとめることができる。【思考力，判断力，表現力等】世界的に漁獲量が増えていることから，外国との関係を考えながら持続可能な漁業環境を維持していくことについて考える。

❷ 対話的な学びを生む協働（つながる）

発問：水産資源を守る取り組みにはどのようなものがあるのか？

栽培漁業	漁獲量の制限	藻場づくり	漁民の植樹運動
栽培漁業センターである程度の大きさまで稚魚を育て，海や川に返す。また，市民が稚魚の放流などの取り組みも行う	サンマやマアジなど七つの魚種は年間の漁獲量を決めている。また，休漁期間を設けたり，小さい魚は逃がす	海藻が広がる海の森「藻場」を人工的につくり，魚のすみかを増やすように各地の漁協で行っている	山林を守ることで豊富な栄養分が川を流れ海を豊かにすることから全国的に広まった植樹運動

日本は海に囲まれた国であることから，古来より魚を食する文化が発展している。一方で，欧米の健康志向の高まりや世界一の人口の中国の経済発展などにより，世界の一人当たりの年間水産物消費量は，この50年間で2倍になっている。さらに，世界的には今後人口がさらに増加することが予想されている。このような水産物需要に対して，持続可能な水産資源環境を維持していくことが大きな課題になっている。

（広島県漁連HPより）

❸ 次時へ見通しをもつ主体的な学び（創り出す）

発問：サンマの漁獲量が減少…どうする日本？

右のグラフのように，ここ数年，日本のサンマの漁獲量は減少し続けている。その背景として，中国や台湾の乱獲が原因ともいわれている。隣国との関係も課題である。

評価　評価は以下の場面で考えられる

・❷の協働場面での評価…水産資源を守る取り組みについてまとめることができているか。
・❸の場面での評価

【模範解答例】他の国もサンマを食べたいのは同じなので，漁業の先輩である日本がリードしながら，サンマの資源を守りながら漁獲することができるようにルールをつくるとよい。

5 ［これからの食料生産］

1 食料自給率38％で大丈夫なのか？

(学習課題No.34・1時間構成)

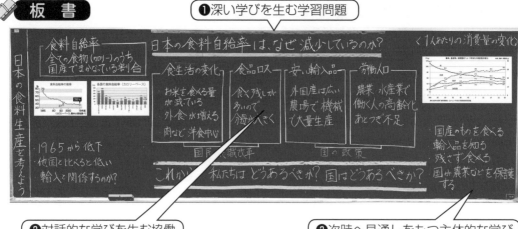

❶深い学びを生む学習問題
❷対話的な学びを生む協働
❸次時へ見通しをもつ主体的な学び

アクティブ・ラーニング的学習展開

❶ 深い学びを生む学習問題（かかわる）
発問：日本の食料生産は半分以下？

ICT…食料自給率のグラフをアニメーション提示。

右は，食料自給率のグラフである。よく使われる自給率のグラフは「カロリーベース」と呼ばれるもので，全ての食物を「熱量（カロリー）」計算したものである（この割合は国民一人当たりに対して供給されている全ての食料のうち，国産で賄っているものの割合である。供給過剰でも分母が大きくなり割合は減る。また，畜産物などは飼料作物の輸入割合も計算に入れる。単純に食料生産が半分以下ではない）。以下，子供たちに気付かせたい点である。

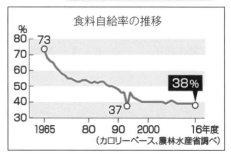

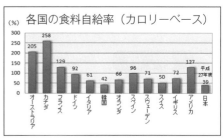

・1965年から自給率が低下している。
・他国と比べると日本の自給率は低い。
・輸入が増えていることと関係している。

これらの意見から，<u>なぜ日本の自給率が減ってきているのか</u>という点を学習問題として設定し，それらの原因を考えるようにしたい。

本時のねらい

【知識及び技能】食料自給率の低下や諸外国との比較から、低下の原因を既習事項や生活経験から考え、資料をもとに多面的に調べ、まとめることができる。【思考力，判断力，表現力等】食料自給率を少しでも改善していくためにどのような取り組みが必要かを考えることができる。

❷ 対話的な学びを生む協働（つながる）

発問：日本の食料自給率はなぜ減少しているのか。

①食生活の変化	②食品ロス	③輸入品の安さ	④働く人の減少
・お米を食べる量が減っている ・外食が増えてきている ・肉など洋食中心に	・食べ残しが多く、分母が大きくなる ・食料がありすぎる	・外国産は広い農場や機械などで大量生産するので価格が安いので売れる	・農業や漁業で働く人が高齢化し、跡継ぎもいなくて減少している

国民の意識改革	国の政策

これまでの既習事項や生活経験をもとに自給率低下の原因を四つの視点でまとめていく。また右の国民一人当たりの消費量の変化も資料として考えるとよい。自給率低下の原因は，日本の高度経済成長に伴う食生活の変化（和食から洋食へ），国際化の広まり（輸入技術の進歩），第1次産業の衰退が背景にある。

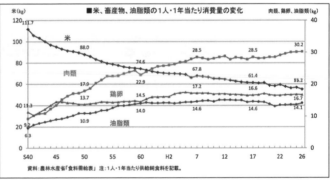

❸ 次時へ見通しをもつ主体的な学び（創り出す）

発問：食料自給率をあげるために必要なことは何か？

解決していく手立てとして「国民の意識改革」「国の政策」という視点で考えられるようにしたい。

評価　評価は以下の場面で考えられる

・②の協働場面での評価…自給率低下の原因を多面的に考えることができているか。
・③の場面での評価

【模範解答例】日本人は外食や冷凍食品，お菓子など輸入材料にしているものを多く食べるようになったから，国産のものも意識して食べるようにする。

5 ［これからの食料生産］

2 輸入品が増えるとどんな影響があるのか？

（学習課題No.35・1時間構成）

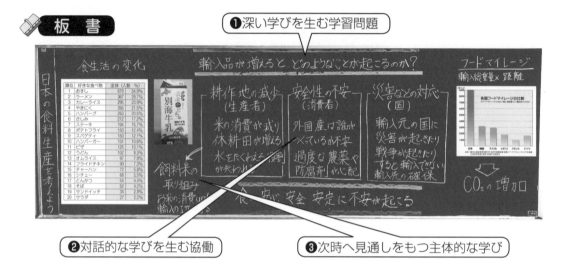

❶ 深い学びを生む学習問題

❷ 対話的な学びを生む協働

❸ 次時へ見通しをもつ主体的な学び

アクティブ・ラーニング的学習展開

❶ 深い学びを生む学習問題（かかわる）
発問：食生活はどう変わったのか？

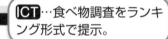
ICT…食べ物調査をランキング形式で提示。

　右は，小学生に聞いた「好きな食べ物調査」の結果である。この結果からわかることは，1位こそ「おすし」であるが，それ以外は洋食が並ぶ。実際に学級などでも調査をしてみるとよい。日本人は子供の頃から，洋食，とりわけ「肉」や「油脂」を多く使った食事を好んでいることがわかる。肉は地産物であり，肉そのものの自給率は50％前後だが，飼料（エサ）はほとんどが輸入であり，それを加味すると10％前後となる。同じように油脂も原材料や飼料を加味すると10％程度であり，多くを輸入に頼っていることになる。

　しかし，輸入はこのように日本の食生活を安定させるためであると考えると，<u>輸入が増加するとどのような問題が起きるのか</u>と揺さぶり，考えさせたい。

小学生の好きな食べ物調査（学研）

順位	好きな食べ物	全体（人数	％）
1	おすし	679	54.9%
2	ラーメン	367	29.7%
3	カレーライス	295	23.9%
4	やきにく	266	21.5%
5	ハンバーグ	253	20.5%
6	さしみ	212	17.2%
7	ステーキ	194	15.7%
8	ポテトフライ	153	12.4%
9	スパゲティ	150	12.1%
10	ハンバーガー	131	10.6%
11	ピザ	125	10.1%
12	うどん	102	8.3%
13	オムライス	97	7.8%
14	フライドチキン	90	7.3%
15	チャーハン	72	5.8%
16	シチュー	68	5.5%
17	とんかつ	54	4.4%
18	そば	52	4.2%
19	サンドイッチ	34	2.8%
20	サラダ	27	2.2%

本時のねらい

【知識及び技能】 食生活の変化から輸入が増加したことを知り、輸入量の増加がもたらす問題を、生産者、消費者、国などの立場から多角的に調べ、まとめることができる。また、生産者の努力や工夫を知り、食料自給率をあげるための取り組みを理解することができる。

❷ 対話的な学びを生む協働（つながる）

発問：輸入が増えるとどのようなことが起きるのか。

耕作地の減少（生産者）	安全性の不安（消費者）	災害などの対応（国）
・洋食が増えたことで、米の消費が減って、休耕田が増える ・水を蓄える水田の役割が失われる	・外国産は、誰がどのように生産しているのかがわかりにくい ・過度な農薬や防腐剤などの心配	・輸入元の国に災害が起きたり、戦争が起きたりすると、食品が入ってこなくなる ・輸入先の確保

資料を活用しながら上記の内容を生産者、消費者、国といった立場から見て、多角的に調べてまとめるようにしたい。また、右のグラフは、輸入総重量と輸送距離をかけ合わせた「フードマイレージ」と呼ばれるもので、輸送するのに必要な燃料や発生する二酸化炭素量を比較する指標である。これを見ると、日本の食料事情の安定のために地球環境へのダメージが大きいことがわかる。

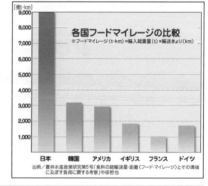

❸ 次時へ見通しをもつ主体的な学び（創り出す）

発問：なぜ、北海道では飼料米を生産しているのか。

食料自給率を解決する手立てとして、生産者の取り組みを提示する。飼料米とは家畜の餌用のお米である。この取り組みでどのような効果があるのかを考えさせたい。

評価　評価は以下の場面で考えられる

・❷の協働場面での評価…輸入がもたらす課題を多角的に考えることができているか。
・❸の場面での評価

【模範解答例】 輸入に頼っている飼料が、国産のお米になることで輸入量を減少させ、また休耕田を復活させることで水田文化を維持し、農家の活性化につながると思う。

5 [これからの食料生産]

3 これからの食料生産の課題は？

(学習課題No.36・1時間構成)

板書

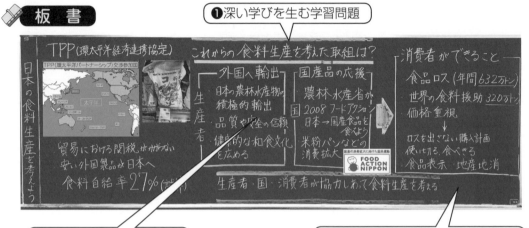

❶深い学びを生む学習問題
❷対話的な学びを生む協働
❸次時へ見通しをもつ主体的な学び

アクティブ・ラーニング的学習展開

❶ 深い学びを生む学習問題（かかわる）
発問：これからますます輸入が増える？

ICT…TPP交渉参加国を提示し、太平洋という意味に気付かせる。

現在，日本では環太平洋戦略的経済連携協定（ＴＰＰ…アメリカは2017年に離脱表明したために現在は発効の見通しは立っていない）に参加表明し，一部の例外（米・麦・牛肉・豚肉・乳製品）を除いては，貿易における関税がかからなくなり，これまで以上に安い外国製品が日本に輸入されることが予想されている。ＴＰＰが運用された場合には，日本の食料自給率は27％に低下するという試算が公表されており，

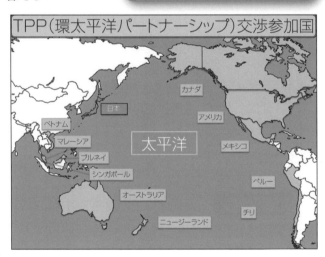

今後，日本の食料生産にとって大きな課題となるといえる。そこで，**食料品の輸入が加速していく中，日本はどのように対応していくのか**といった学習問題を提示する。今後の国際情勢を考え，日本の食料生産のあり方を子供たちなりに考えさせたい。生産者や国の取り組みから消費者としてのあり方を考えていく。

本時のねらい

【知識及び技能】これからの食料生産について，生産者や国が取り組んでいる努力や工夫を多角的に調べ，まとめることができる。【思考力，判断力，表現力等】また，消費者の課題を知り，今後自分たちができることを考え，発表することができる。

❷ 対話的な学びを生む協働（つながる）

発問：これからの食料生産を考えた取り組みにはどのようなものがあるか。

外国への輸出（生産者）	国産食品の応援（国）
・日本の農林水産物の積極的な輸出 ・品質や安全性で信頼が高い日本の食料品 ・ローカロリーな和食文化を世界に広める	・農林水産省が2008年に立ち上げたプロジェクト「フードアクション日本」 ・安全で信頼できる国産食品を食べることを推薦するプロジェクト ・米粉パンなど国産食品の消費拡大を応援する

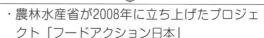

資料を活用しながら，生産者が市場拡大のために農林水産物を輸出している事実や国が国産品の消費拡大を支援していることを調べ，まとめる。その上で「消費者」（自分たち）に視点を切り替え，どのようにこれからの食料事情にかかわっていくべきかを考えさせたい。

❸ 次時へ見通しをもつ主体的な学び（創り出す）

発問：消費者が考えなければならないことは何か。

消費者の課題	消費者のこれから
・食品ロス…年間約632万トン，1人1日ご飯1杯分を捨てている計算 ・世界の食料援助は約320万トン ・安いものを買ってしまう	・ロスを出さない購入計画 ・つかい切る，食べ切る工夫 ・食品表示をよく見て選択 ・地産地消のよさ

子供たち自身が食生活を見つめ直し，自分たちでできることを考えることが，これからの食料生産を応援していくことになることに気付かせたい。

評価　評価は以下の場面で考えられる

・②の協働場面での評価…これからの食料生産について生産者や国の取り組みを調べ，まとめることができているか。
・③の場面での評価【模範解答例】外食に行っても，食べ残すことが多かったので，今後は「ドギー・バッグ」などを利用して持ち帰るなどして，食品ロスを出さないようにしたい。また，表示をよく見て，国産のものを意識して購入したい。

5 ［これからの食料生産］

4　日本の食料生産についてまとめよう！

（学習課題No.37・1時間構成）

💡 本時のねらい
○我が国の食料生産について振り返り，調べてわかった事実を根拠として，自分たちの今後の食生活についての考えを新聞にまとめる。また，新聞に書いた内容を交流し合い，考えを深めることができる。

　学習のまとめとして，「新聞製作」を行う。ここでは，日本の食料生産の特徴について多面的・多角的に整理し，まとめていきたい。稲作を中心とした農業の特色や水産業の特色に触れ，これからの食料生産のあり方について自分なりの考えを表現できるようにする。

アクティブ・ラーニング的記事作成

社会的な見方や考え方

ICT…各地域の特色を表す画像資料を検索し，著作権などを配慮して上手につかわせたい。

【空間的な見方・考え方】
・各地域の環境を生かした農林水産業の特色や私たちが食べるまでの流通の仕組みについて地図などを使い，調べている。

【時間的な見方・考え方】
・稲作における土地改良の歴史や，農林水産業における就業人口の変化などを資料やグラフから調べ，まとめることができる。

【相互関係に着目】
・食料生産における生産者，消費者，国の関係や日本と外国との関係について捉え，それぞれの立場を理解し，考えることができる。

【社会的事象を比較・分類・総合】
・他地域のお米の比較，天然物，養殖物，輸入物の比較，各国の食料自給率などを比較しながら，特徴を総合的にまとめることができる。

【現代と結び付ける見方・考え方】
・地域の農業や水産業を調べたり，自らの食生活を見直し，考えを表現することができる。

🌸 評　価
　新聞でのまとめ活動は，ただ教科書や資料集にあることを写し書きして，カラフルにまとめ，見栄えがよいものが高評価されることがあるが，ここでは，上記の見方や考え方でまとめているかどうかを新聞の内容から評価することが重要である。

6 ［日本の工業生産］

1 暮らしの中にある工業製品は？

（学習課題No.38〜39・2時間構成）

❶深い学びを生む学習問題

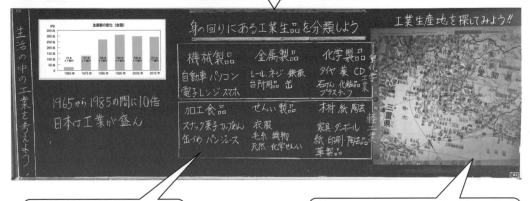

❷対話的な学びを生む協働　　❸次時へ見通しをもつ主体的な学び

アクティブ・ラーニング的学習展開

❶ 深い学びを生む学習問題（かかわる）

発問：私たちの身の回りにはどんな工業製品があるのだろうか？

工業製品は，人間が生活を豊かにしていくためにつくり出したものである。子供たちの生活は工業製品に囲まれており，普段意識することはないであろう。そこで，右の工業生産額の変化を表し

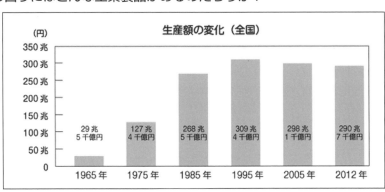

たグラフを提示する。子供たちには以下のことに気付かせたい。

・1965年は29兆円だったのに，1985年にはおよそ10倍に到達している。
・20年くらいの間に日本は多くの工業製品をつくる国になったということ。
・どんな工業製品があるのか調べてみたい。

工業製品の劇的な伸びから，身の回りにある工業製品に目を向けさせたい。そこで，<u>私たちの身の回りにある工業製品を探してみよう</u>という学習問題を設定する。実際にカードなどに記入し，分類できるようにしたい。

84

本時のねらい

【知識及び技能】身の回りのあふれる工業製品がどのように分類され，どのような場所でつくられているのか，関心をもって調べることができる。また，大都市圏（太平洋ベルト）に工場が集中していることに気付くことができる。

❷ 対話的な学びを生む協働（つながる）

ICT…タブレット端末などで付箋を移動するなどできるアプリを活用。

発問：身の回りにある工業製品を分類しよう。

機械製品	金属製品	化学製品
重化学工業		
・自動車　・パソコン ・電子レンジ ・携帯電話	・レール　・ネジ ・台所用品　・鉄板 ・ジュースなどの缶	・タイヤ　・薬 ・CD　・石鹸　・化粧品 ・プラスチック
加工食品	せんい製品	木材・紙・陶芸など
軽工業		
・スナック菓子 ・カップ麺　・缶詰 ・パン　・ジュース	・シャツなどの衣服 ・毛糸　・織物 ・天然繊維　・化学繊維	・家具　・ダンボール ・紙　・印刷物　・陶芸品 ・革製品

実際に見つけた工業製品を六つのカテゴリーに分類していく。自分たちの身の回りには多くの工業製品があることを実感させたい。また，それらの工業製品がどこでつくられているか，地図帳を活用し，全国各地でどのような製品がつくられているか確認していく。既習事項から，農業が盛んな地域，漁業が盛んな地域と比較しながら工業が盛んな地域をまとめていくようにする。

❸ 次時へ見通しをもつ主体的な学び（創り出す）

発問：工業分布調べからわかる工業生産の特色は？

全国各地に広がる工業生産地であるが，機械や金属といった重工業が大都市の周りに集中していることに気付かせたい。

評価　評価は以下の場面で考えられる

・②の協働場面での評価…協働して，工業生産地マップを完成することができたか。
・③の場面での評価

【模範解答例】自動車や金属をつくる重工業が東京，名古屋，大阪の周辺に集中している。海に面していることも関係していると思う。

6 [日本の工業生産]

2 工業生産地が集中しているのはなぜか？

(学習課題No.40・1時間構成)

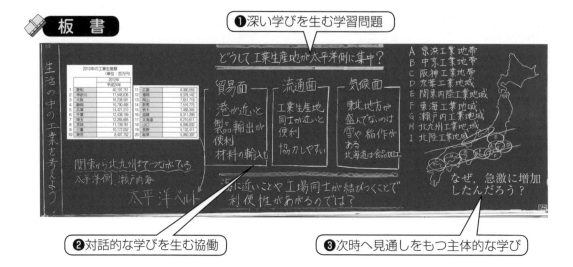

アクティブ・ラーニング的学習展開

❶ 深い学びを生む学習問題（かかわる）
発問：工業生産額で色分けしてみよう。

ICT…日本地図を提示して場所を確認。

前時に地図帳で全国的な工場の分布を大まかに調べ，大都市圏に工場が集中していることに気付いているはずである。そこで，本時では地図帳の統計などを資料として，当道府県別の工業生産額の上位の県を調べ，白地図に色分けしていく。子供たちには以下のことに気付かせたい。

・北海道以外は関東から北九州まで集中している。
・つながっているように見える。
・太平洋側，瀬戸内海に面している。
・東北地方は盛んではない。

これらから，子供たちには<u>どうして，工業生産が盛んな地域が関東から北九州に集中しているのか？</u>という問いが生まれるはずである。よって，これを学習問題として設定し，その理由を考えていくようにしたい。

	2012年の工業生産額 (単位：百万円)	
		2012年 平成24年
1	愛知	40,197,751
2	神奈川	17,548,636
3	大阪	16,238,581
4	静岡	15,790,466
5	兵庫	14,421,210
6	千葉	12,438,199
7	埼玉	12,265,665
8	茨城	11,139,761
9	三重	10,172,052
10	東京	8,407,752
11	広島	8,380,555
12	福岡	8,378,142
13	岡山	7,651,718
14	群馬	7,516,775
15	栃木	7,468,345
16	滋賀	6,311,289
17	北海道	6,210,611
18	山口	6,099,002
19	長野	5,132,411
20	岐阜	5,060,397

本時のねらい

【知識及び技能】日本の工業生産地を都道府県別に調べ，太平洋ベルトに集中していることを理解する。【思考力，判断力，表現力等】集中している理由を貿易面，流通面，気候面から多面的に捉え，工業生産額が急激に伸びたことと結び付けて考えることができる。

❷ 対話的な学びを生む協働（つながる）

発問：どうして工業生産地が太平洋側に集中しているのか。

貿易面	流通面	気候面
・港が近いと製品を輸出するのに便利 ・逆に材料を輸入するのにも便利	・工業生産地同士が近いと製品のやりとりなどに便利 ・協力しやすい	・東北地方が盛んでないのは雪の問題や稲作が盛んだから ・北海道は食品加工

　工業生産地が集中している理由を三つの側面で多面的に考えていく。どれも既習から予想できることなので，国土の学習や食料生産の学習をしっかりと生かしたい。

　「太平洋ベルト」は，日本の工業の重要な拠点が集まった場所である。その理由としては，第1に交通網が発達していること，第2に外国から石炭や石油の輸入が容易であること，そして労働力の確保が挙げられる。このような要件を満たす地域が太平洋ベルトになる。また，各都道府県の工業生産の内訳を見ると，北海道は食品加工業の生産額が非常に高いことがわかる。

【工業地帯・工業地域】…地帯は帯のように連続する。

3大工業地帯…京浜・中京・阪神

工業地域…関東内陸・瀬戸内・東海
　　　　　京葉・北陸・北九州

❸ 次時へ見通しをもつ主体的な学び（創り出す）

発問：日本の工業生産額が急激に増加したのはなぜか？

　前時で取り上げた，日本の工業生産額が1965年から20年余りで10倍にも増加したのはなぜかを，太平洋ベルトと関連させて考える。

評価　評価は以下の場面で考えられる

・❷の協働場面での評価…工業生産地が集中している理由を多面的に考えているか。

・❸の場面での評価

【模範解答例】日本の生産額が急激に伸びたのは，太平洋ベルトに工場をたくさんつくったことや外国にたくさんの工業製品を売るようになったからではないか。

6 ［日本の工業生産］

3　工業生産額が急激に伸びたのはなぜか？

(学習課題No.41・1時間構成)

板書

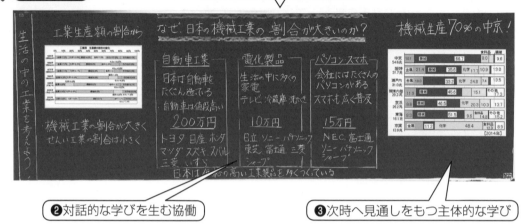

❶深い学びを生む学習問題
❷対話的な学びを生む協働
❸次時へ見通しをもつ主体的な学び

アクティブ・ラーニング的学習展開

❶ 深い学びを生む学習問題（かかわる）
発問：工業別生産額の割合からわかることは？

ICT…生産額の割合をマスキングで提示。

　日本の工業生産額が急激に増加したことを工業別の生産額から考える。子供たちには，以下のことに気付いてもらいたい。

- 機械工業の割合が大きくなっている。
- 繊維工業の割合が小さくなっている。
- 布や服をつくる工場よりも，機械をつくる工場のほうが増えている。
- 服よりも機械のほうが金額が大きい。

　ここで，繊維工業に着目する。「布や服をつくる工業が1.4％しかないとすると私たちの服は足りるのか？」と子どもたちに問いかける。自分たちが着ている服がどこで生産されているものか調べてみるとよい。中国製と表示されているものが多いはずである。このことから，日本の工業が機械産業が中心であることを実感し，<u>なぜ日本の工業生産は機械産業の割合が大きいのか</u>という問いを見いだし，学習問題に設定する。そこで，日本ではどのような機械製品を生産しているのかを調べていく。

本時のねらい

【知識及び技能】日本の工業生産額の割合の変化や身の回りの機械製品，メーカーを調べ，機械工業が盛んになった理由をまとめる。【主体的に学習に取り組む態度】中京工業地帯の7割が機械工業であることに着目し，次時の学習の目的をもつことができる。

❷ 対話的な学びを生む協働（つながる）

発問：なぜ，日本の機械工業の割合が大きいのか。

自動車工業	電化製品	パソコン，スマホ
・日本製の自動車が多い ・自動車は価格が高い	・生活の中にたくさんの電化製品 ・テレビ，冷蔵庫，洗濯機，掃除機	・会社には多くのパソコンがある ・携帯電話が広く普及している
自動車：200万円	冷蔵庫：10万円	パソコン：15万円
トヨタ，日産，ホンダ，マツダ，スズキ，スバル，三菱，いすゞ	日立，ソニー，パナソニック，東芝，富士通，三菱，シャープ	NEC，富士通，ソニー，パナソニック，シャープ

身近な機械製品を「自動車」「電化製品」「パソコン」などで考えていくと，日本製のものが数多くあることに気付く。また，機械製品は他の工業製品よりも価格が高いことにも気付くはずである。具体的に提示してもよい。価格が高いということは，生産額も大きくなり，利益もあがる。日本が，1965年頃から機械産業に大きく力を入れてきたことを理解させたい。

❸ 次時へ見通しをもつ主体的な学び（創り出す）

発問：機械生産が約70％にもなる中京工業地域では何を生産しているのか。

次時からの自動車工業の学習につなげるために中京工業地帯に焦点化し，学習の関心をもたせたい。

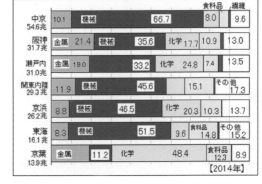

評価 評価は以下の場面で考えられる

・❷の協働場面での評価…機械工業の割合が多い理由を多面的に考えているか。
・❸の場面での評価

【模範解答例】中京工業地帯は愛知県が中心で，地図帳で確認すると自動車のマークが数多くある。したがって，中京工業地帯では自動車工業が盛んであると思う。

7 ［自動車工業の工夫や努力］

1 豊田市ではどれくらいの自動車をつくっているのか？

(学習課題No.42・1時間構成)

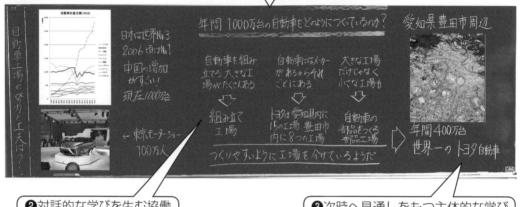

❶深い学びを生む学習問題
❷対話的な学びを生む協働
❸次時へ見通しをもつ主体的な学び

アクティブ・ラーニング的学習展開

❶ 深い学びを生む学習問題（かかわる）

発問：どれくらい自動車をつくっているのか？

日本が自動車大国であることを理解するために，世界各国の自動車生産台数を示したグラフを提示する。ここから以下のことに気付かせたい。

・日本は世界で3番目に多く自動車をつくっている。
・2006年頃は世界一だった。
・中国の増加が著しい。
・現在では1000万台生産している。

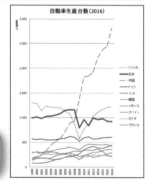

ICT…生産台数をマスキングで提示。

このグラフから，子供たちは日本が世界でも有数の自動車生産国であることを知る。また，右の写真は「東京モーターショー」のものである。2年に一度日本で行われる新開発の自動車の見本市で，世界中から毎年約80万人の人たちが集う。

<u>年間1000万台の自動車をどのようにつくっているのか？</u>という問いを見いだし，学習問題を設定する。

 **本時のねらい**

【思考力，判断力，表現力等】日本の自動車生産が世界でも有数であることや愛知県豊田市を通して，どのように自動車をつくっているかを多面的に考えることができる。【主体的に学習に取り組む態度】自動車づくりの仕組みについて関心を高めることができる。

❷ 対話的な学びを生む協働（つながる）

発問：年間1000万台の自動車をどのようにつくっているのか。

・自動車を組み立てるので大きな工場がたくさんある	・自動車にはメーカーがあるから，メーカーごとに工場がある	・大きな工場だけじゃなく，部品などの小さな工場もある
車体を組み立てる **組み立て工場**	トヨタは愛知県内に15の工場，豊田市内には8つの工場をもつ	自動車の部品をつくる **関連工場**

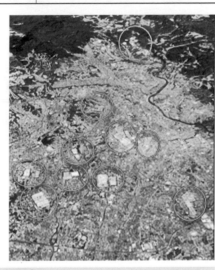

写真は，愛知県豊田市周辺の俯瞰図である。豊田市は日本の代表的な自動車メーカー「トヨタ」の本社が置かれる町で，トヨタの自動車関連の工場が数多く立ち並ぶ様子がわかる。豊田市は，トヨタ自動車の自動車産業が軌道に乗ったことをきっかけに町の名を挙母（ころも）から豊田に変更しているほどである。トヨタ社は愛知県を中心に全国に工場をもち，国内で年間400万台の自動車を生産している世界一の自動車生産会社である。日本の自動車産業に対する興味関心を高め，どのように自動車づくりが行われているのかを調べる計画を立てたい。

❸ 次時へ見通しをもつ主体的な学び（創り出す）

発問：トヨタが世界一の自動車会社になれたのはどうしてか。

トヨタが多くの自動車をつくることができるようになったことに問題意識をもたせ，トヨタの自動車づくりの工程に問いを見いだせるようにしたい。

評価 評価は以下の場面で考えられる

・②の協働場面での評価…自動車生産の仕組みを多面的に予想し，考えているか。
・③の場面での評価

【模範解答例】トヨタはたくさんの自動車をつくるために効率的に自動車を生産する仕組みを考えていると思う。例えばロボットなどをつかっているのではないかと思う。

7 [自動車工業の工夫や努力]

2 自動車はどのようにつくられているのか？

(学習課題No43・1時間構成)

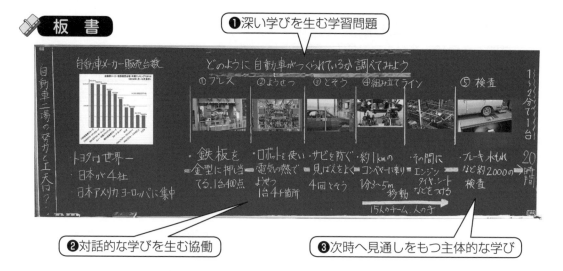

❶深い学びを生む学習問題

❷対話的な学びを生む協働

❸次時へ見通しをもつ主体的な学び

アクティブ・ラーニング的学習展開

❶ 深い学びを生む学習問題（かかわる）
発問：日本の自動車が世界で売れているのはどうしてか？

ICT…販売台数のグラフをマスキングで提示。

　右のグラフは，自動車メーカーにおける世界販売台数のトップ10である。ここから以下のことに気付かせたい。

- 世界で最も売れているのはトヨタだ。
- トヨタだけでなく，日産，ホンダ，スズキも入っている（日本が4社）。
- 日本の自動車は非常に売れている。
- トヨタは1000万台も売れている。
- 世界の車は日本，アメリカ，ヨーロッパに集中している。

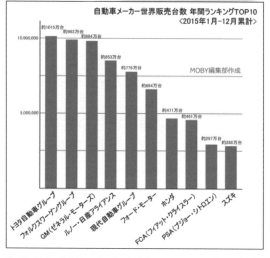

　このグラフから，子供たちは日本が世界でも有数の自動車生産国であることとともに，日本の自動車が世界でも多く売れていることに気付く。そこで，どうして日本の自動車はこんなに売れているのだろうか？という問いを見いだし，学習問題を設定する。

本時のねらい

【知識及び技能】日本の自動車が世界でよく売れている事実を知り，多くの自動車を工場ではどのように製造しているかの過程を調べ，まとめることができる。また，効率よく優れた自動車を生産していることを理解することができる。

❷ 対話的な学びを生む協働（つながる）

発問：どのように自動車がつくられているのか調べてみよう。

①プレス	②ようせつ	③とそう

鉄板を金型に押し当てる。1台につき400点	ロボットをつかい，電気の熱で溶接。1台，4000カ所	錆を防ぐため，見栄えをよくするため，4回塗る
④組み立てライン	④組み立てライン	⑤検査

約1kmのコンベヤーに乗り，1分に3～5m移動	その間にエンジン，タイヤ，シートなど部品装着	ブレーキ，水漏れなど，約1500～2000の検査

　一つの自動車工場では，年間50万台以上の自動車が生産されている。1～2分に1台の割合で，プレスから検査まで約20時間かけて完成する。15人ほどのチームで作業を分担しており，危険な箇所はロボットが，細かい部品を取り付ける作業は人が行う。

❸ 次時へ見通しをもつ主体的な学び（創り出す）

発問：自動車ができる過程を学んで気が付いたことをまとめよう。

大まかな自動車生産の流れ（ライン）を理解し，次時への問題意識を醸成したい。

評価　評価は以下の場面で考えられる

・②の協働場面での評価…自動車生産の仕組みを調べてまとめることができているか。
・③の場面での評価

【模範解答例】ロボットをつかったり，コンベアが動いたりして効率的に生産しているのがわかったが，同じ車ばかりできるのでは？

7 ［自動車工業の工夫や努力］

3　自動車づくりにはどんな工夫があるのか？

（学習課題No.44・1時間構成）

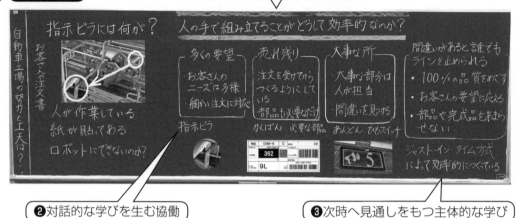

❶深い学びを生む学習問題
❷対話的な学びを生む協働
❸次時へ見通しをもつ主体的な学び

アクティブ・ラーニング的学習展開

❶ 深い学びを生む学習問題（かかわる）
　発問：指示ビラには何が書いてあるのか？

ICT…指示ビラをズームイン。

　右の写真は，ある自動車工場のラインの様子である。前時で学んだように，組み立てラインでは1台ずつに違った作業を人の手で行っている。この事実を子供たちに提示し，問いを生む。

・それまで，ロボットとかが作業しているのだから，ここもロボットでできるのではないか？
・よく見ると紙が貼ってある。これを見ながら作業しているのか？　ここだけ効率が悪いのでは？
・全て同じ作業をできるようにしたほうが効率がよいのではないか？

　細かい作業を示す「指示ビラ」には，お客さんの「色」，「内装」などの注文内容が書かれている。効率化を考えると，同じ内容（色や内装）の自動車をまとめてつくったほうがよいと考えるであろう。<u>なぜ，自動車工場では1台1台違う作業の自動車をラインでつくっているのか？</u>という問いを見いだし，学習問題として設定する。

本時のねらい

【知識及び技能】「指示ビラ」「かんばん」「あんどん」などの自動車生産の工夫から,自動車生産が,効率的に生産され,客のニーズに応えていることを理解する。【思考力,判断力,表現力等】すぐにラインを止めることから,生産に対する責任に気付くことができる。

❷ 対話的な学びを生む協働（つながる）

発問：なぜ，1台1台違う作業の自動車をラインでつくっているのか？

多くの要望に応える	売れ残らないように	大事なところは人
・お客の好み（ニーズ）は多様なので，それに応えるために ・細かい注文に対応	・注文が決定してからつくるようにすると，売れ残りが出ない ・部品も必要な分だけ	・大事なところは人の手ですることにこだわる ・人が働くところをつくる

現在，多くの自動車工場で行われている生産方式は「トヨタ生産方式」と呼ばれるもので，現在では多くの自動車会社で採用されている。無駄を徹底的に排除するという考えから，トヨタでは必要なものを必要なときに必要なだけつくり，部品を余らせないようにしている（ジャスト・イン・タイム）。

それを実現させているのが必要な部品箱に貼られた「かんばん」で，部品がつくられた工場に使った分だけ発注する仕組みになっている。この方法だと，余分な部品を出すことがない。したがって，客のニーズに合わせた自動車を1台1台つくっていくことが可能になっており，結果的に無駄なくつくることができる。

❸ 次時へ見通しをもつ主体的な学び（創り出す）

発問：問題が発生したときは誰でもラインを停止させることができるのなぜか？

少しでも異常や遅れがあると，誰でも「ひもスイッチ」を引くことで図のような「あんどん」が表示され，全作業のラインをストップさせることができる。

評価　評価は以下の場面で考えられる

・❷の協働場面での評価…ジャスト・イン・タイムの理由を多面的に考えることができているか。
・❸の場面での評価

【模範解答例】問題が発生するとチームが集まって問題を解決するようにしている。問題点を発見し，解決することで，人間の力を生かしている。品質のよい自動車をつくるために，生産よりも問題の解決を重要視している。

7 ［自動車工業の工夫や努力］

4　3万個の部品はどこでつくられているのか？

（学習課題No.45・1時間構成）

板書

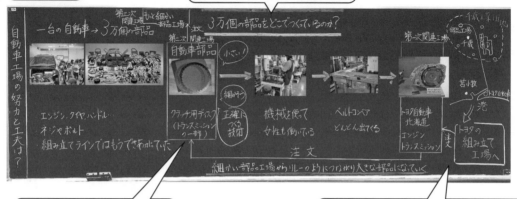

❶深い学びを生む学習問題

❷対話的な学びを生む協働

❸次時へ見通しをもつ主体的な学び

アクティブ・ラーニング的学習展開

❶ 深い学びを生む学習問題（かかわる）
発問：自動車にはいくつの部品があるのか？

　自動車が組み立てられる工程を学んだ子供たちは，そもそも組み立てるシートやエンジンなどがどこでつくられているか疑問に感じ始めるはずである。そこで，実際の自動車を観察させて，自動車には多くの部品が使われていること，3万個の部品が使われていることを実感させたい。

・3万個もある部品を，組み立て工場で全てつくっているとは思えない。
・他の場所でつくっているとすると，どうやって連携しているのか？

<u>3万個の部品がどこでどのようにつくられているのか</u>を問いとして見いだし，学習問題として設定する。地元に近い関連工場などを教材化するとよい。

ICT…3万個の部品の写真を少しずつ提示。

本時のねらい

【知識及び技能】自動車をつくる部品が3万個ある事実から，それらの部品がつくられている場所を調べ，全国に点在することをまとめることができる。また，地域の部品工場の事例を調べ，自動車生産にどのようにかかわっているか理解することができる。

❷ 対話的な学びを生む協働（つながる）

発問：3万個の部品をどこでどのようにつくっているか？

子供たちが持っている「地図帳」には，自動車の部品をつくる工場は「自動車部品」という工場のマークで記されている。まずは地図帳から「自動車部品工場」を協働で調べ，白地図などにまとめていくとよい。

部品工場については，教科書で取り上げられているシート工場などの例を取り上げてもよいし，地元や近隣地域にある「部品工場」を取り上げることも考えられる。右は，自動車部品の一つである「クラッチ用ディスク」である。また，その下は工場の様子の写真である。ここから部品工場の特徴をまとめたい。

○小さくて細かい部品をつくっている→輸送に便利。
○女性も働いており，力仕事だけでなく細かい作業もある。
○機械をつかって大量に生産している。

部品工場でも，人と機械が分担しながら，ラインの上で正確な部品を効率的につくっている。

❸ 次時へ見通しをもつ主体的な学び（創り出す）

発問：つくられた部品が違う工場に行くのはなぜか？

上記の工場でつくられた「クラッチ用ディスク」はすぐに自動車工場に行かないことを伝える。この製品は「トランスミッション」をつくる工場に送られることから，関連工場の意味を理解させたい。

評価　評価は以下の場面で考えられる

・❷の協働場面での評価…地図帳から自動車部品工場の分布を調べ，まとめることができているか。
・❸の場面での評価

【模範解答例】部品が次の工場に送られて，少しずつ合体して自動車の大事な部品になっている。

7 ［自動車工業の工夫や努力］

5　どうして納車まで1カ月以上もかかるのか？

（学習課題No.46・1時間構成）

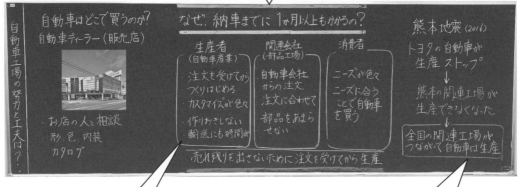

❶深い学びを生む学習問題
❷対話的な学びを生む協働
❸次時へ見通しをもつ主体的な学び

アクティブ・ラーニング的学習展開

❶ 深い学びを生む学習問題（かかわる）
　　　発問：自動車はどこで買うのか？

ICT…地域のディーラーを提示し，実感をわかせる。

　これまでは自動車生産を生産者側の立場で考えてきたが，ここでは消費者の立場で考えてみる。そもそも自動車はどこで買うのだろうか？　中古車，新古車はここでは除外し，「新車」について予想させたい。消費者が自動車を買うために足を運ぶのは，多くは「自動車ディーラー」である。しかし，普通の買い物と違い，商品が全て並んでいるわけではない。消費者はどのようにして購入する車を決めるか考える。

　・お店の人と相談して，車種を決める。
　・同じ車での形や色，中の装備などどうするかを決めて注文する。

　ここで，子供たちに注文して，家に届くまでの期間を予想させる。一般的には自動車は注文から納車まで1カ月かかり，人気車種になると3カ月から半年かかることもある。日本では1日に25000台も生産しているのに，<u>自動車の納車はなぜ1カ月もかかるのか？</u>という問いを見いだし，学習問題として設定する。

本時のねらい

【思考力，判断力，表現力等】自動車が納車までに1カ月かかることから，消費者の注文から自動車が生産される仕組みを考え，自動車の生産の効率性を理解することができる。

❷ 対話的な学びを生む協働（つながる）

発問：なぜ納車までに1カ月以上もかかるのか？

生産者（自動車産業）	関連会社（部品工場）	消費者
・注文を受けてから，つくり始める ・カスタマイズがいろいろ ・作り置きはしない ・輸送にも時間がかかる	・自動車会社からの依頼がないとつくらない ・注文のカスタマイズに合わせてつくる ・部品を余らせたくない	・ニーズがいろいろある ・ニーズに合わせて注文を受け付ける

　生産者が消費者のニーズに合わせて自動車を生産していることは，前時までの学習で理解している。多様なニーズに応えるためには「注文を受けてから生産」ということが大前提になる。これがジャスト・イン・タイム方式の基本である。もしも，闇雲に自動車をつくっていたらどうなるかを，下記の方法で実感させるのもよい。

①バネ，ゴム，じくなどをひたすら切る

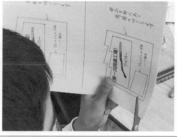
②バネなどを貼り付けてワイパーなどの部品を切る

③ワイパーやハンドルを貼り付ける

　この作業を同時に行うと，①や②から大量の余りが発生する。つまり注文を受けてからつくらないと大量に余ってしまうことを理解できる。

❸ 次時へ見通しをもつ主体的な学び（創り出す）

発問：トヨタが地震の影響で生産中止したのはなぜか？

　熊本地震におけるトヨタの生産ラインが停止した理由を考えさせることで，関連工場同士のつながりを考える。

評価　評価は以下の場面で考えられる

・③の場面での評価

【模範解答例】自動車産業は関連工場とつながっているため，一つでも工場にトラブルがあると自動車はつくられなくなる。

7 [自動車工業の工夫や努力]

6 自動車はどのようにして運ばれるのか？

(学習課題No.47・1時間構成)

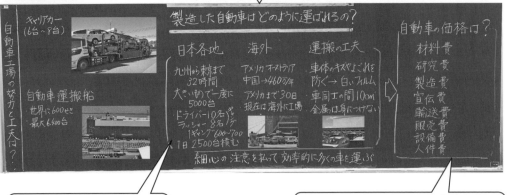

❶深い学びを生む学習問題

❷対話的な学びを生む協働

❸次時へ見通しをもつ主体的な学び

アクティブ・ラーニング的学習展開

❶ 深い学びを生む学習問題（かかわる）
発問：この大きな車は何だろうか？

ICT…空のキャリアカーを見せた後に車を積んでいるキャリアカーを見せる。

右の写真を提示する。キャリアカーである。子供たちはすぐに「自動車を運ぶ車」と予想するであろうが，「では，何台ぐらい積むことができるか？」などと問い直すことで問いを深めていきたい。道路法により，トレーラーの全長は19m以下で積載台数は6台であるが，特区（岩手，宮城，静岡，愛知，福岡）では21m以下で8台まで積むことができる。しかし，1日に25000台もの自動車を生産することを考えると，キャリアカーでの輸送だけでは追いつかないことに子供たちは気付き始めるはずである。また，キャリアカーだけでは道路が混雑し，道路がつながっていない北海道までの輸送が不可能であることから，<u>製造した自動車はどのように各地域に運ばれるのか？</u>といった問いから学習問題をつくる。

本時のねらい

【知識及び技能】自動車がどのように輸送されているかを調べて、輸送の仕組みや工夫について理解する。また海外での現地生産があることを理解する。

❷ 対話的な学びを生む協働（つながる）

発問：自動車運搬船はどのような活躍をしているか。

日本各地へ運ぶ	海外へ運ぶ	運搬の工夫
・九州から東京まで約32時間 ・大きいものは一度に5000台 ・ドライバー10名、車を固定するラッシャー8名などの1ギャングが600〜700台を積み、1日に約2500台を積む	・アメリカ、オーストラリア、中国などに年間460万台輸出 ・アメリカまでは30日 ・現在は海外に工場をつくり、現地生産が盛ん	・車体にはキズや汚れを防ぐフィルムを貼る ・車同士の間隔は10cm ・運搬する人は金属はつけない

　日本の自動車は品質がよく、故障が少なく、燃費もよいことから、多くの国で使われている。一方で、売れすぎが原因でその国の自動車産業が衰退してしまうこともあり、外国からは輸出を減らすように要求されることが多くなった。そこで、1980年代から日本は外国に自動車工場をつくり、現地で生産をするようになっている。現地生産することで、部品や材料の調達が便利になり、現地の労働者の雇用を増やし、技術提供などで産業を発展させることにつながっている。

❸ 次時へ見通しをもつ主体的な学び（創り出す）

発問：自動車の値段にはどのような費用が含まれているか？

　一連の自動車生産を学んだ上で、自動車価格にはどんな費用が含まれているか考える。そうすることで、多くの人々がかかわって自動車が生産されていることに気付かせたい。

評価 評価は以下の場面で考えられる
・②の協働場面での評価…自動車運搬について多面的に調べることができているか。
・③の場面での評価

【模範解答例】自動車の値段に材料費・研究費・製造費・宣伝費・輸送費・販売費・設備費・人件費などが含まれている。

7 ［自動車工業の工夫や努力］

7　自動車大国である日本の課題は？

（学習課題No48・1時間構成）

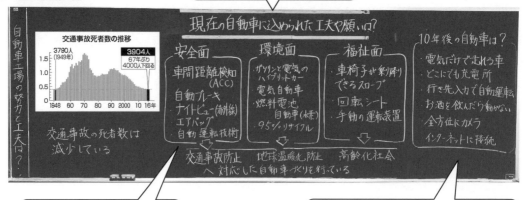

❶深い学びを生む学習問題
❷対話的な学びを生む協働
❸次時へ見通しをもつ主体的な学び

アクティブ・ラーニング的学習展開

❶ 深い学びを生む学習問題（かかわる）
発問：交通事故死者数からわかることは？

ICT…グラフを提示。後半をマスキングするとよい。

　右のグラフは，日本の交通事故による死者数の推移である。ピークとなる一つ目の山は「第１次交通戦争」と呼ばれ，高度経済成長期の自動車の保有率上昇とともに交通事故が多発した。その後，シートベルトの普及や安全教育の普及で死者数は減少する。しかし，80年代に入り，自動車保有台数の増加とともに死者数が増加し「第２次交通

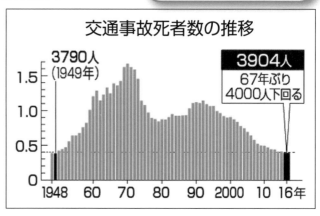

戦争」と呼ばれるようになった。その後，エアバッグや衝撃吸収ボディ，衝突被害軽減ブレーキなどの普及で死者数は減少し，2016年は67年ぶりに4000人を下回ることができた。
　このように交通事故による死者数は，ドライバーの努力や警察の安全対策はもちろんのこと，自動車製造会社の安全に対する「研究開発」が要因であることはいうまでもない。そこで，<u>現在の自動車にはどのような工夫や願いが込められているのか</u>といった問いを見いだし，学習問題をつくる。

本時のねらい

【知識及び技能】交通事故死者数の減少から，現在の自動車にはどのような工夫や願いがあるのかを調べ，多面的にまとめる。【主体的に学習に取り組む態度】自動車がもたらす社会の未来を考えることができる。

❷ 対話的な学びを生む協働（つながる）

発問：現在の自動車に込められた工夫や願いを調べよう。

安全面	環境面	福祉面
・車間距離検知（ACC） ・自動ブレーキ ・ナイトビュー（赤外線） ・エアバッグ ・自動運転技術	・ガソリンと電気のハイブリッド車 ・電気自動車 ・燃料電池自動車（水素） ・95％リサイクル	・車椅子が乗り降りできるスロープ ・乗り降りしやすい回転シート ・手動の運転装置
⬇	⬇	⬇
交通事故防止	地球温暖化防止	高齢化社会対策

現在，自動車産業は大きな転換期を迎えているといえる。ハイブリッドカーから電気自動車の開発も進み，二酸化炭素排出の抑制を促し，運転技術では安全開発が進み，自動ブレーキや自動運転といった技術が実用化され始めている。高度経済成長期にもてはやされた「いつかはクラウン」といった高性能，高級車志向から，現在では「安全」「環境」「高齢者社会」を見通した自動車社会を見据え，自動車づくりが行われていることに気付かせたい。また，トヨタは燃料電池自動車の特許を2020年までに公開するなど，社会全体で環境への取り組みを推進していこうとする動きもある。

自動車の技術は日進月歩なので，各社のホームページで最新情報を調べていくことが大切である。

❸ 次時へ見通しをもつ主体的な学び（創り出す）

発問：10年後の自動車の企画書をつくろう。

この10年で自動車の性能は大きく進歩している。それは社会の変化や国際社会の変化にも対応した進歩であるといってよい。子供たちも今後の社会の変化を予想させ，これからの社会に対応した自動車を想像させることで，社会参画の意識を養いたい。

評価　評価は以下の場面で考えられる

・②の協働場面での評価…自動車の技術を多面的に調べることができているか。
・③の場面での評価

【模範解答例】ガソリン車と変わらない走行距離の電気自動車ができれば，二酸化炭素の増加を防ぎ，目的地を入れれば自動で運転してくれる車ができれば，高齢者も住みやすい社会になる。

7 ［自動車工業の工夫や努力］

8　日本の自動車工業についてまとめよう！

(学習課題No.49・1時間構成)

本時のねらい

○我が国の自動車生産について振り返り，自動車工業が日本の代表的な工業であることや関連工場によって支えられていること，自動車が国民生活向上に役立っていることをまとめ，これからの自動車工業について考えることができる。

学習のまとめとして，「新聞製作」を行う。ここでは，日本の自動車生産の特徴について多面的・多角的に整理し，まとめていきたい。組み立て工場や関連工場における自動車生産の仕組みや，海外生産や環境に配慮した生産など，これからの工業生産のあり方について表現する。

アクティブ・ラーニング的記事作成

社会的な見方や考え方

…各地域の特色を表す画像資料を検索し，著作権などを配慮して上手につかわせたい。

【空間的な見方・考え方】
・各地域の自動車工場の分布や，工業が盛んな太平洋ベルトについて調べることができる。
・組み立て工場や関連工業の位置関係ついて調べることができる。
・海外での自動車生産について調べることができる。

【時間的な見方・考え方】
・日本の自動車生産における輸入や輸出における経年変化を調べ，自動車生産の特色が変化してきたことを理解している。

【相互関係に着目】
・自動車工業における関連工場との結び付き，ジャスト・イン・タイムシステムについて理解している。

【社会的事象を比較・分類・総合】
・工業地帯や工業地域の生産の特色や生産額の比較をして総合的にまとめることができる。

【現代と結び付ける見方・考え方】
・環境や安全に配慮したこれからの自動車について考えることができる。

評価

新聞でのまとめ活動は，ただ教科書や資料集にあることを写し書きして，カラフルにまとめ，見栄えがよいものが高評価されることがあるが，ここでは，上記の見方や考え方でまとめているかどうかを新聞の内容から評価することが重要である。

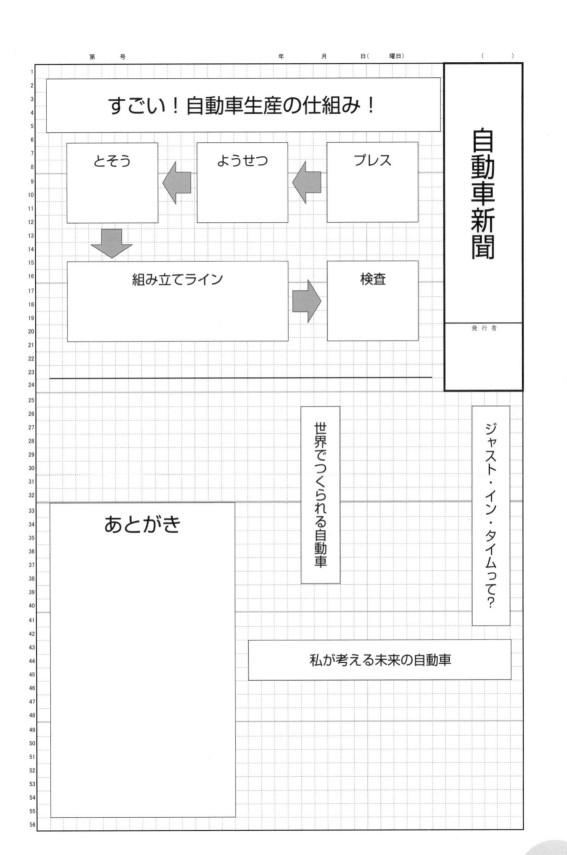

8 [日本の工業を支えるもの]

1 大工場を支える中小工場の秘密は？

(学習課題No.50〜51・1〜2時間構成)

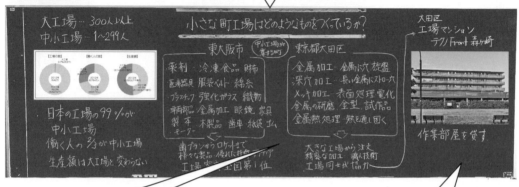

❶深い学びを生む学習問題
❷対話的な学びを生む協働
❸次時へ見通しをもつ主体的な学び

アクティブ・ラーニング的学習展開

❶ 深い学びを生む学習問題（かかわる）

発問：日本には中小工場はどれくらい？

ICT…グラフを提示。予想させながら見せていくとよい。

まず，定義をしっかりと教えたい。大工場とは，働く人が300人以上の工場であり，自動車組み立て工場などは数千人が働く大工場である。一方，中小工場とは働く人が1

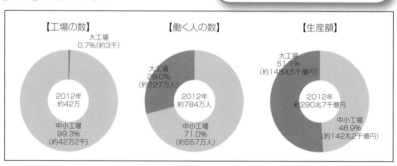

〜299人の工場である。工場といえば，大きな大工場をイメージする子どもが多いと思うが，上の円グラフからわかるように，日本の工場の99％が中小工場である。また働く人の数も3分の2が中小工場であるが，その生産額は大工場とほぼ同じである。

つまり，中小工場は，大工場がつくる自動車のように大きな生産額とはいえないが，その大工場を支える小さな部品であったり，繊維工業や食料品工業に多く，日用品であったりと欠かせない役割をもっている（繊維工業90％，食料品工業76％，金属工業58％）。そこで，中小工場にはどのような特徴があるのか？といった問いを見いだし，学習問題をつくる。

本時のねらい

【知識及び技能】大工場と中小工場を比較し，中小工場が小さな規模でも高い技術力をもって日本の工業を支えていることを理解し，これからの工業について考えることができる。

❷ 対話的な学びを生む協働（つながる）

発問：小さな町工場はどのようなものをつくっているのか。

全国にある中小工場を調べることは難しいので，ここでは，中小工場が集中している地域である「東大阪市」と「東京都大田区」を調べるようにする。

東大阪市	東京都大田区
Web…東大阪市 －モノづくりのまち－	Web…東京都大田区 －モノづくり探検－
・冷凍食品　・服装ベルト　・財布 ・綿糸　・強化ガラス　・織物 ・金属加工　・眼鏡　・木製品 ・家具　・歯車　・紙袋　・モーター ・製本　・車両部品　・薬剤　・ゴム ・医療器具　・プラスチック	・金属加工…金属に穴や旋盤をする ・深穴加工…長い金属に長い穴 ・メッキ加工…表面処理，電化 ・金属の研磨，金型をつくる ・金属熱処理…鉄に熱を通し固くする ・試作品製造

○「歯ブラシからロケットまで」 ○様々な製品，優れた技術，アイディア ○工場密度全国第一位	○大きな工場から注文 ○精密な加工…職人的な技術 ○工場同士が協力し合っている

どちらの地域とも優れた技術力で，スカイツリーや新幹線，ロケットの部品などにもつかわれている。また工場同士が密集していることで，協力し合い，短期間で高品質の製品をつくり出す。大田区では，作業する部屋を様々な工場に貸す工場アパートが建築されている。

〈工場アパート　テクノFRONT森ヶ崎〉

❸ 次時へ見通しをもつ主体的な学び（創り出す）

発問：中小工場の課題はどんなことだろう？

中小工場の課題を，生産額や技術の伝承という視点から考えさせたい。

評 価　評価は以下の場面で考えられる

・②の協働場面での評価…２地域の中小工場について調べることができているか。
・③の場面での評価

【模範解答例】大工場が製品の生産量を減らしたり，海外の安い部品を仕入れたりすると経営が厳しくなる。／熟練した技術を次の世代に引き継いでいかないと，日本の技術が失われてしまうかもしれない。

8 ［日本の工業を支えるもの］
2 伝統工業って何だろう？

（学習課題No.52・1時間構成）

 板　書

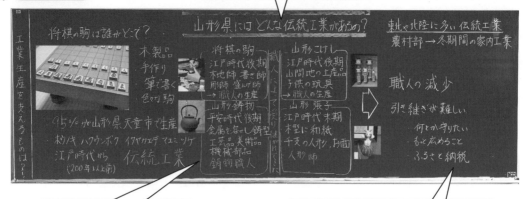

❶深い学びを生む学習問題
❷対話的な学びを生む協働
❸次時へ見通しをもつ主体的な学び

アクティブ・ラーニング的学習展開

❶ 深い学びを生む学習問題（かかわる）
発問：将棋の駒はどこでどうやってつくっているのか。

> ICT…将棋の駒，将棋盤をズームで提示し，クイズにする。

最近ブームである将棋。この将棋の駒や将棋盤はどこでつくっているのか。子供たちに予想させる。

・木でつくっているから，材料は木材だ。
・駒も種類があるからつくるのが大変そう。
・字も実際に書いている。
・機械では難しそう。手づくりではないか。

将棋の駒の生産地を調べると，なんと95％が山形県天童市で生産されている。将棋の駒はホウノキ，ハクウンボク，イタヤカエデ，マユミ，ツゲといった玉切りした木材を駒切りし，駒木地をつくる。そこからは全て手づくりで生産されている。山形市の将棋駒づくりは江戸時代まで遡る。駒づくりが本格的な産業となったのは明治期に入ってからで，木地師と書き師に分かれて分業生産を始め，天童は大阪などと並ぶ大量生産地となっていく。このように古くから職人によって手づくりで行われる工業のことを伝統工業と呼ぶ。ここでは，このような**伝統工業は他にどのようなものがあるか**を問いとして見いだし，学習問題を設定する。

本時のねらい

【思考力,判断力,表現力等】山形の伝統工業について調べ,職人による優れた工業技術が継承されてきたことを理解し,職人の減少という事実から未来に引き継いでいく方法を考える。

❷ 対話的な学びを生む協働（つながる）

発問：山形にはどんな伝統工業があるのか。

北陸地方や東北地方は伝統工業が多く存在する。ここでは,山形県のホームページや地図帳を参考にしながら調べるようにする。

将棋の駒		山形こけし	
・江戸時代後期 ・木地師,書き師,彫師,盛上げ師といった職人による生産		・江戸時代後期 ・山間地の土産品 ・子供玩具 ・職人木地師による生産	
山形鋳物		山形張子	
・平安時代後期 ・金属を溶かし鋳型で作成 ・工芸品,美術品,機械部品など ・鋳物職人		・江戸時代末期 ・木型に和紙をふのりで貼り重ね,乾燥させて作成 ・干支の人形,お面 ・人形師	

山形には,他にも「山形仏壇」「置賜紬（おいたまつむぎ）」「山形和傘」など多くの伝統工業がある。東北や北陸に伝統工芸が多いのは,農村部において冬期間の家内工業として発展した背景がある。

❸ 次時へ見通しをもつ主体的な学び（創り出す）

発問：伝統工業を残していくためには？

後継者不足によって伝統工業の職人は減少している。未来に伝統工芸を引き継いでいくためにはどんなことが必要か考えさせたい。

評価　評価は以下の場面で考えられる

・②の協働場面での評価…山形の伝統工業について調べることができているか。
・③の場面での評価

【模範解答例】優れた伝統工芸をインターネットなどで宣伝したり,ふるさと納税などでブランド化して広めていくことが大切だと思う。

8 ［日本の工業を支えるもの］

3 工業製品はどのように運ばれるのか？

(学習課題No.53・1時間構成)

板　書

❶深い学びを生む学習問題

❷対話的な学びを生む協働　　　❸次時へ見通しをもつ主体的な学び

アクティブ・ラーニング的学習展開

❶ 深い学びを生む学習問題（かかわる）
発問：写真からどんなことがわかるか。

ICT…Googleマップで3Dで提示できる。

写真は，東京都大田区にある「京浜トラックターミナル」である。この写真を提示し，以下のことに気付かせたい。

・広い敷地のようだ。
・たくさんのトラックが見える。
・大きな倉庫のような建物が見える。
・多くの荷物が集まっているようだ。
・ここから，全国へ運ぶのでは。

京浜トラックターミナルは，東京ドームの約5倍の広さがあり，1日に約4000台のトラックが出入りをしている。ここは，日本の各地で生産された工業製品が集まり，全国に輸送される基点となっている。これまで工業について学んでいた子供たちが，トラックターミナルをきっかけに「運輸」や「交通網」へ視点を転換し，問いをもつようにしたい。輸送するにはどのような方法があるのかを考え，<u>工業製品はどのように運ばれていくのか</u>を学習問題として設定する。

本時のねらい

【知識及び技能】東京の物流の拠点である東京湾の埋立地を調べ，物流には多くの方法があり，それが集中していることを理解する。【思考力，判断力，表現力等】そうすることで効率的に物が運べることに気付くことができる。

❷ 対話的な学びを生む協働（つながる）

発問：工業製品はどのように運ばれるのか。

写真は京浜トラックターミナルが位置する東京都大田区の埋立地である。この埋立地の周囲にはどのようなものが存在するかを地図帳を見ながら調べたい。

【京浜トラックターミナル】
日本最大のターミナル。400以上の宿泊施設がある。

【首都高速湾岸線】
混雑する都心部を回避する高速道路。

【羽田空港】
日本最大の空港。旅客機の貨物室（ベリー便）や貨物専用の飛行機（フレーター便）で貨物を輸送する。

【大井コンテナ埠頭】
トラックが運んできたコンテナを船に積み，外国へ運ぶ。

【東京貨物ターミナル】
トラックが運んできたコンテナを列車に載せて各地に運ぶ。

❸ 次時へ見通しをもつ主体的な学び（創り出す）

発問：東京はどうして埋立地に物流の拠点をつくったのか？

戦後，東京は人口や産業が集中し，東京湾に物資の海上流通基地をつくり始め，現在に至っている。これらの拠点が意図的であることに気付かせたい。

評価　評価は以下の場面で考えられる

・❷の協働場面での評価…流通には様々な方法があることを調べられているか。

・❸の場面での評価

【模範解答例】東京の人口が増え，工業などが集中したことで，工業品があふれるようになったから，各地に届けるのに便利になるように物流の拠点をつくった。

8 [日本の工業を支えるもの]

4　工業製品の材料はどこから？

(学習課題No.54・1時間構成)

❶深い学びを生む学習問題

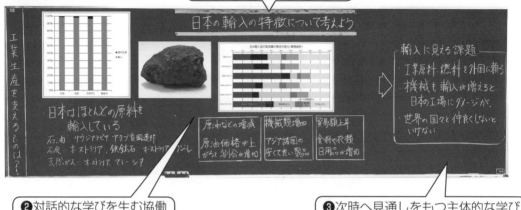

❷対話的な学びを生む協働　　❸次時へ見通しをもつ主体的な学び

アクティブ・ラーニング的学習展開

❶ 深い学びを生む学習問題（かかわる）
発問：工業製品をつくるための燃料や原料は？

ICT…グラフを提示。石炭や鉄鉱石の写真を提示し，イメージさせる。

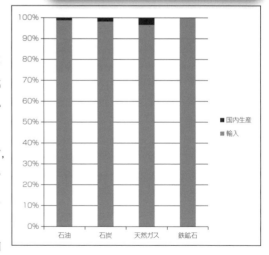

　日本が多くの工業製品をつくっていることを，これまでの学習で理解してきた。日本の工業には世界屈指の技術が使われており，また伝統的な職人の技にも支えられてきたことがわかった。しかし，ものづくりには材料や燃料が欠かせない。日本はそれらをどのように集めているのか。そこで，右のグラフを提示する。工業生産における原料や燃料は「石油」「石炭」「天然ガス」「鉄鉱石」に代表されるものであるが，グラフからわかるように日本はそのほとんどを輸入に頼っている。石油はサウジアラビアやアラブ首長国連邦，石炭はオーストラリア，天然ガスはオーストラリア，マレーシア，鉄鉱石はオーストラリア，ブラジルなどである。つまり，日本にとって「貿易」は非常に重要な経済活動であることがわかる。では，<u>日本は他にどのようなものを輸入しているのか</u>を問いとして見いだし，学習問題として設定する。

本時のねらい

【知識及び技能】日本の輸入品の取扱額の割合の変化から，日本が多くの工業燃料や原料を輸入していることに気付き，最近は機械類なども輸入していることも理解する。【思考力，判断力，表現力等】そこから日本の輸入傾向についての課題を考えることができる。

❷ 対話的な学びを生む協働（つながる）
発問：日本の輸入の特徴について考えよう。

右のグラフは，日本の主な輸入品の取扱額の割合の経年変化を表したものである。1980年頃までは燃料，原料品が上位を占めているが，1990年頃から機械類の輸入が増え，2000年には割合が最も多くなっている。これらも踏まえて日本の輸入の特徴について考える。

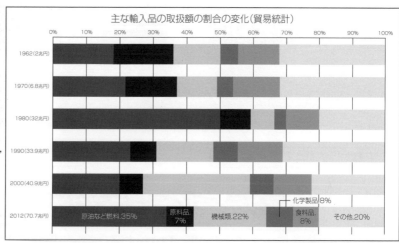

○原油などの増減が大きい	○機械類が増えている	○貿易額が増えている
原油価格が上がると割合が増える	アジア諸国で生産された安くて品質のよい製品を輸入	食料品や衣類など日用品の輸入が増えている

日本は，かつては外国から原料を輸入し，国内の優れた技術で製品をつくって外国に安く売る「加工貿易」という形態で工業を発展させた。しかし，現在では日本の周辺諸国の技術が上がり，そちらの安い製品を輸入することが盛んになっている。

❸ 次時へ見通しをもつ主体的な学び（創り出す）
発問：日本の現在の輸入傾向にある課題はどんなことか？

工業原料や燃料を輸入に頼っていることや，安い外国の工業部品を多く輸入していることを踏まえて，日本の輸入面に課題意識をもたせたい。

評価　評価は以下の場面で考えられる

・❷の協働場面での評価…輸入額の割合について多面的に考えることができているか。
・❸の場面での評価

【模範解答例】資源の乏しい日本は外国との付き合いを上手に行うことが大切。また，安い製品を外国から輸入しすぎると国内の産業の売上が減り，衰退してしまう。

8 [日本の工業を支えるもの]
5　工業製品はどこへ？

(学習課題No.55・1時間構成)

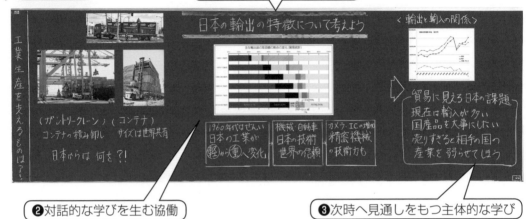

❶深い学びを生む学習問題

❷対話的な学びを生む協働

❸次時へ見通しをもつ主体的な学び

アクティブ・ラーニング的学習展開

❶ 深い学びを生む学習問題（かかわる）
発問：工業製品はどこへいくのか？

ICT…コンテナの写真を順に提示し，何が入っているか予想させる。

日本の主要な港にはコンテナターミナル（コンテナ埠頭）と呼ばれる港湾施設がある。ここに世界各国からの貨物が届き，また日本から世界へ向けて貨物が送られることになる。「ガントリークレーン」と呼ばれる巨大なクレーンがコンテナの積み卸しを行う。その貨物を納めるための容器が「コンテナ」である。このコンテナのサイズは世界で統一化され，どの国でもスムーズに積み卸しができるようになっている。

では，日本からはどのようなものが輸出されているのか。これまでの学習から，日本が自動車を多く輸出していることがわかる。では，このコンテナの中には何が入っているのか。<u>日本はどのようなものを輸出しているのか</u>を問いとして見いだし，学習問題として設定する。

本時のねらい

【思考力，判断力，表現力等】日本の輸出品の取扱額の割合の変化から，日本の主力品目が機械や自動車であることに気付き，輸出入のバランスから，今後の貿易について考える。

❷ 対話的な学びを生む協働（つながる）

発問：日本の輸出の特徴について考えよう。

右のグラフは，日本の主な輸入品の取扱額の割合の経年変化を表したものである。1960年頃まではせんい類の輸出が中心だったが，1970年以降は機械類，自動車が日本の輸出の重要品目となっている。

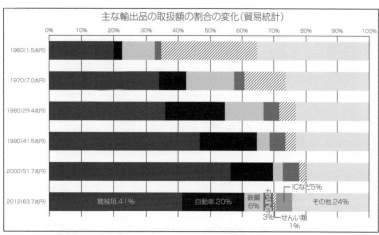

○1960年頃はせんいが上位	○機械類・自動車が上位	○カメラやIC製品の増加
日本の工業が軽工業から重工業に変化している	日本のものづくりの技術が世界でも信頼されている	精密機械でも日本の製品が信頼されている

日本の主力品目は自動車や機械，半導体電子部品，鉄鋼である。機械類の中でも自動車部品が海外の日本車工場に送られている。最近は，アジア各国に製造拠点を移した日本企業が多いことやアジアの国々の暮らしが豊かになってきたことから，アジアへの輸出が増えている。

❸ 次時へ見通しをもつ主体的な学び（創り出す）

発問：輸入と輸出の関係を考えよう。

日本は長らく輸出超過の貿易黒字大国であったが，最近はアジアの国々の発展や震災の影響で輸入超過の状況が続いている。輸入と輸出のバランスが崩れるとどんなことが起きるのか？

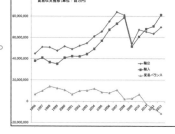

評価　評価は以下の場面で考えられる

・❷の協働場面での評価…輸出額の割合について多面的に考えることができているか。
・❸の場面での評価

【模範解答例】輸出が増えすぎると，その国のものが売れなくなり相手国の産業を衰退させる。輸入が増えすぎると，日本のものが売れなくなったり，外国で何かあったときに困ることが多い。

8 [日本の工業を支えるもの]
6 これからの日本の工業

(学習課題No.56・1時間構成)

 板　書

❶深い学びを生む学習問題

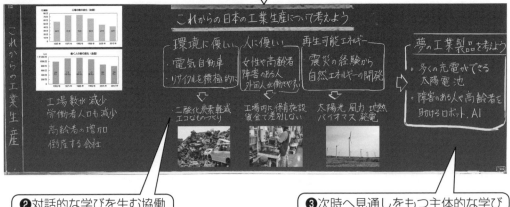

❷対話的な学びを生む協働

❸次時へ見通しをもつ主体的な学び

アクティブ・ラーニング的学習展開

❶ 深い学びを生む学習問題（かかわる）
発問：グラフから未来を考えよう。

> ICT…グラフをアニメーションで順に提示。

　右は、全国の工場数の変化と働く人数の経年変化を表したグラフである。ここから以下のことに気付かせたい。

　・工場数が1985年をピークに減少。
　・労働者人口も1985年をピークに減少。
　・高齢者が増えて労働力が減少。
　・外国に工場が増えているからでは。
　・輸入製品が増えているからでは。
　・倒産する工場が増えているからでは。
　・このままでは、日本の優れた工業製品が失われてしまう。

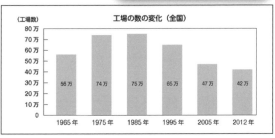

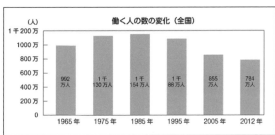

　これまで、日本の優れた工業生産を学んできた子供たちにとって、工場の規模が小さくなっていることは驚きであろう。そこで、<u>これからの日本の工業はどうあるべきか</u>を問いとして見いだし、学習問題を設定する。

本時のねらい

【主体的に学習に取り組む態度】日本の工場数や労働者数の減少という事実から，これからの工業生産について課題をもち，持続可能な社会，人に優しい工業生産の視点でこれからの工業について考えることができる。

❷ 対話的な学びを生む協働（つながる）

発問：これからの日本の工業について考えよう。

日本の未来の工業生産を考える上で，以下のことを視点と考えさせたい。

○環境にやさしい工業	○人にやさしい工業	○再生可能エネルギー開発
・電気自動車の開発 ・リサイクルを積極的に行う工業	・女性や高齢者，障がいのある人，外国人が働ける環境	・震災を経験し，自然エネルギーの開発を進める
・二酸化炭素排出の軽減 ・エコなものづくり	・工場内に保育施設 ・賃金で差別をしない	・太陽光，風力，地熱，バイオマス発電

少子高齢化社会を迎える日本は，これまでのような多くの利益を生み出すような工業生産だけではなく，環境問題やエネルギー問題を解決する持続可能な社会を生み出す工業のあり方を考えていくことが必要である。また，労働者の確保のためには，様々な条件のある人々を受け入れられる工場環境をつくっていくことも必要である。

❸ 次時へ見通しをもつ主体的な学び（創り出す）

発問：夢の工業製品を考えよう。

工業生産の学習のまとめとして，これからの持続可能な社会を実現するための工業製品を考えさせる。その際，現状の課題を解決する目的で考えるようにしたい。

評価 評価は以下の場面で考えられる

・②の協働場面での評価…工業生産の未来について多面的に考えることができているか。
・③の場面での評価

【模範解答例】車椅子の人たちがせまい工場でも働けるように，一輪でも移動できる車椅子を開発する。／二酸化炭素削減のために，太陽光で走る自動車を開発する。そのためにたくさん充電できる太陽電池を開発する。

8 ［日本の工業を支えるもの］

7 日本の工業生産についてまとめよう！

（学習課題No.57・1時間構成）

💡 本時のねらい

○我が国の工業生産について振り返り，日本の工業は優れた技術をもつ中小工場に支えられていることや，伝統的な工業が今もなお残っていることを理解し，工業製品が国民生活向上に役立っていること，それらが様々な交通網でつながっていることをまとめ，これからの工業について考えることができる。

　学習のまとめとして，「新聞製作」を行う。ここでは，日本の工業生産の特徴についてを多面的・多角的に整理し，まとめていきたい。自動車を中心とした工業の特色や中小工業，伝統工業の特色に触れ，これからの工業生産のあり方について自分なりの考えを表現できるようにする。

アクティブ・ラーニング的記事作成

社会的な見方や考え方

ICT…各地域の特色を表す画像資料を検索し，著作権などを配慮して上手につかわせたい。

【空間的な見方・考え方】
・各地域で優れた技術をもつ中小工場について調べることができる。
・各地域の伝統工業について，その特色を調べることができる。

【時間的な見方・考え方】
・日本の貿易における輸入品や輸出における経年変化を調べ，日本の工業の特色が変化してきたことを理解している。

【相互関係に着目】
・高速道路や鉄道など日本の交通網について調べ，生産地と現地の関係を理解することができる。

【社会的事象を比較・分類・総合】
・大工場と中小工場の生産額や労働人口の比較，各工業地帯の工業生産の比較をして総合的にまとめることができる。

【現代と結び付ける見方・考え方】
・世界の国々との貿易の現状を調べ，これからの貿易について考えることができる。

🌀 評　価

　新聞でのまとめ活動は，ただ教科書や資料集にあることを写し書きして，カラフルにまとめ，見栄えがよいものが高評価されることがあるが，ここでは，上記の見方や考え方でまとめているかどうかを新聞の内容から評価することが重要である。

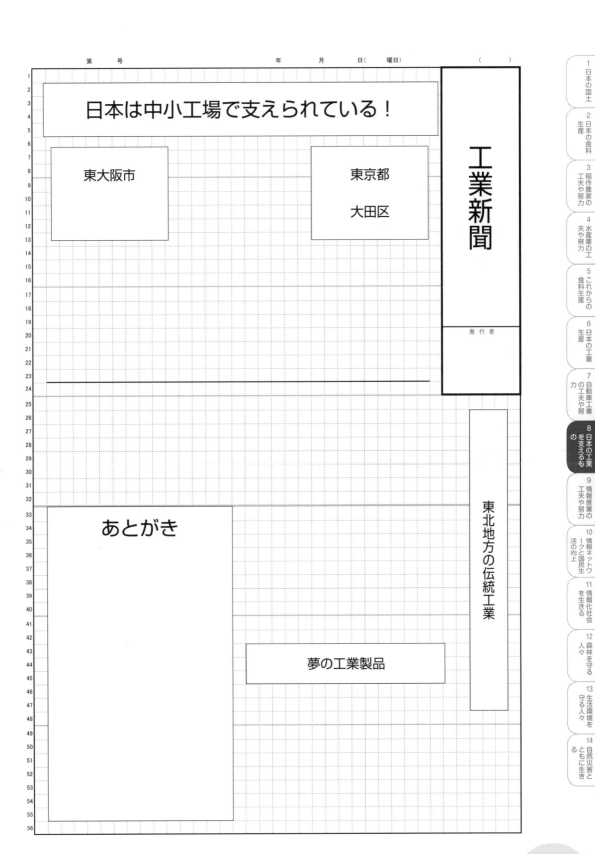

9 ［情報産業の工夫や努力］

1　私たちをとりまく情報はどこから？

(学習課題No58・1時間構成)

板書

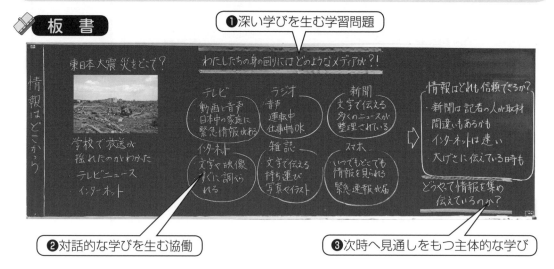

❶深い学びを生む学習問題
❷対話的な学びを生む協働
❸次時へ見通しをもつ主体的な学び

アクティブ・ラーニング的学習展開

❶ 深い学びを生む学習問題（かかわる）

発問：東日本大震災をどのように知ったのか？

ICT…情報が伝えられるニュースなどの動画を提示。

私たちの身の回りには情報があふれている。しかし，その情報を意識することは少なく，そのほとんどが一方的に私たちに入ってくる。そんないわば当たり前の情報を具体的に検証していく。

・自分の学校も揺れたので気付いた。
・学校で放送が流れて知った。
・テレビのニュースで知った。
・携帯電話のニュースで知った。
・インターネットのニュースで知った。

日本列島は南北に3000kmもある。このある地点で起こった出来事を私たちは現在，瞬時に知ることができる。そして，その情報を受け入れて私たちは行動しているといってよい。では，その情報を伝えるものにはどのようなものがあってどのような特徴があるのか？という問いを見いだし，学習問題として設定する。

💡 本時のねらい

【知識及び技能】日常にあふれている情報がどこから発信されているのかを調べ，その特徴についてまとめることができる。【主体的に学習に取り組む態度】情報の信憑性について考え，情報がどのようにして伝えられているのかについて関心をもつことができる。

❷ 対話的な学びを生む協働（つながる）

発問：私たちの身の回りにはどのようなメディアがあるだろうか？

どのようなメディア（マスメディア）があるのかを話し合い，その特徴をまとめる。

テレビ				ラジオ				新聞			
・動画と音声で伝える ・日本中の多くの家庭に普及している ・緊急速報がある				・音声で伝える ・車の運転中や仕事をしながらでも聞くことができる				・文字で伝える ・多くのニュースが整理されていてまとめて見ることができる			
速さ	正確	保存	便利	速さ	正確	保存	便利	速さ	正確	保存	便利
○	○	△	○	○	○	×	△	△	○	○	△

インターネット				雑誌				携帯電話（スマホ）			
・文字や映像などで伝える ・すぐに調べることができる				・文字で伝える ・持ち運びができる ・写真やイラストが多くわかりやすい				・いつでもどこでも情報を得ることができる ・緊急速報が届く			
速さ	正確	保存	便利	速さ	正確	保存	便利	速さ	正確	保存	便利
○	△	△	○	×	△	○	△	○	△	△	○

それぞれのメディアの特徴をまとめ，「速さ」「正確さ」「保存性」「便利さ」について評価するなどの議論をするとよい。

❸ 次時へ見通しをもつ主体的な学び（創り出す）

発問：情報はどれも信頼できるか。

情報といっても，メディアによっては信頼性に欠けるものもあるのが現状である。情報が信頼できるものと信頼できないものがあるのはなぜかを考える。

🌸 評 価　評価は以下の場面で考えられる

・❷の協働場面での評価…多様なメディアの特徴を比較し，考えることができているか。
・❸の場面での評価

【模範解答例】新聞は記者の人が取材をしているので正確だと思う。／雑誌は面白くするために少し大げさに書いているときがありそう。／インターネットは嘘の情報もあるので注意している。

9 ［情報産業の工夫や努力］

2　震災のとき，メディアはどう動いたか？

(学習課題No.59・1時間構成)

板書

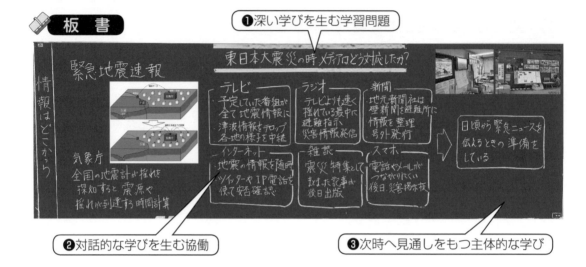

❶深い学びを生む学習問題
❷対話的な学びを生む協働
❸次時へ見通しをもつ主体的な学び

アクティブ・ラーニング的学習展開

❶　深い学びを生む学習問題（かかわる）
　　発問：東日本大震災のとき，どうしたか？

ICT…緊急地震速報の映像・音声を提示。

　2011年3月11日，東日本大震災が発生した。そのとき，情報を伝える各メディアがどのような対応をしたのかを調べる。

　現在，地震が発生した際には，日本では「緊急地震速報」が各メディアに伝えられる。国の機関である気象庁が中心となって提供している警報である。右の図にあるように，地震発生時に震源に近い地震計が震源の位置や規模を直ちに推定し，地震のＳ波（主要動）の到達時刻を測定する仕組みになっている。東日本大震災の際にも，東北地方に速報が流れた。

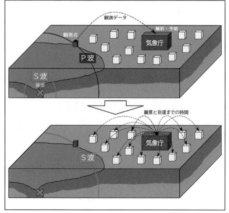

速報は「テレビ」「ラジオ」「携帯電話（当時は一部の機種）」に届いている。

　このように，地震発生時に直ちに各メディアに情報が届き，そこから各メディアがどのように対応したのかをメディアごとにまとめ，それによって国民がその情報をどのように活用したのかを調べる。

本時のねらい

【知識及び技能】東日本大震災のときに各メディアがどのように対応したのかを調べ，まとめることができる。また，国民がその情報をどのように活用したかを想像し，情報が国民にとってなくてはならないものであることを理解する。

❷ 対話的な学びを生む協働（つながる）

発問：東日本大震災のとき，メディアはどんな対応をしたのか。

当時の様子を親などに取材してまとめるとよい。

テレビ	ラジオ	新聞
・予定していた番組を全て地震情報に ・津波情報のテロップ ・各地の様子を中継	・テレビよりも早く，揺れている最中に避難指示を放送 ・随時，災害情報を発信	・地元新聞社は手書きの壁新聞を避難所に配付 ・情報を整理して発信 ・号外発行
インターネット	雑誌	携帯電話（スマホ）
・地震の情報を随時更新 ・ツイッターやIP電話などは機能した	・震災特集として，まとまった記事を後日出版	・電話やメールがつながりづらくなった ・後日，災害掲示板設置

震災発生時は，各メディアがその特徴を生かして，国民に情報を発信した。テレビは震災後1週間，震災情報を特別番組として放映し，災害情報を国民に伝えた。一方，被災した人たちは，電気などのインフラが寸断されたために壁新聞などで情報を得たり，電車が止まってしまって帰る手段を失った人たちは，ツイッターなどの情報や，別の手段の情報を得るなど，メディアの情報を役立てていた。

❸ 次時へ見通しをもつ主体的な学び（創り出す）

発問：なぜメディアはすぐに情報を伝えられたか？

普段，メディアは娯楽番組などの国民を楽しませる情報を提供しているが，緊急にすぐ必要な情報を届けられた理由を考える。

評価　評価は以下の場面で考えられる

・❷の協働場面での評価…多様なメディアの震災時の対応を調べ，まとめることができているか。
・❸の場面での評価　【模範解答例】普段から地震の起きやすい場所にはカメラを設置したり，災害時にどのように情報を伝えるかを常に準備していると思う。

9 [情報産業の工夫や努力]

3 ニュース番組はどのようにつくられているのだろうか？

(学習課題No.60・1時間構成)

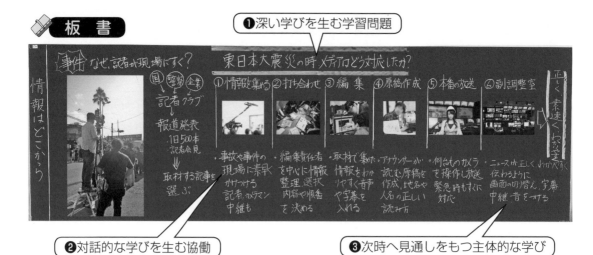

❶深い学びを生む学習問題
❷対話的な学びを生む協働
❸次時へ見通しをもつ主体的な学び

アクティブ・ラーニング的学習展開

❶ 深い学びを生む学習問題（かかわる）
発問：なぜ，記者が現場にすぐ現れるのか？

ICT…ニュースなどの記者会見の映像を流す。

毎日のように報道される事件や事故。そこにはいち早く記者やカメラマンが現れ，取材をする。彼らはどのようにして情報を集めているのか。記者は，情報を集めるために警察や政府機関などの官公庁の記者クラブでプレスリリースと呼ばれる多くの報道発表を確認して，重要性の高いものを取材する。報道発表はインターネットなどを通したものを含めると1日に500本以上にもなる。テレビでよく見られる「記者会見」も報道発表の一つである。民間企業も多くのニュースを定期的に公表するようになっている。取材した情報が全て記事になるわけではない。しかし，記者は様々な角度から取材を進め，記事をつくりあげていく。そこで，記者が調べた「ニュース」はどのようにテレビ番組で取り上げられるのか？という問いを見いだし，学習問題として設定する。

本時のねらい

【知識及び技能】メディアがどのように情報を集め、取材し、どのように放送するかといった過程を調べ、まとめることができる。【思考力、判断力、表現力等】情報を伝える際には、どのようなことに気を付けているかを考えることができる。

❷ 対話的な学びを生む協働（つながる）

発問：ニュース番組はどのようにできあがるのか。

①情報を集める	②打ち合わせ	③編集

事故や事件の現場に素早く駆けつけ、記者やカメラマンが情報を集めて中継する。	編集責任者を中心に、集まった情報を整理し、放送で伝える内容や順番を決める。	取材で集めた情報をわかりやすく、音声や字幕を入れて放映時間でまとめる。
④原稿作成	⑤本番の放送	⑥副調整室

ニュース番組で読まれる原稿を作成。地名や人名の正しい読み方を確認する。	何台ものカメラを操作して放送。地震や津波など緊急の事件にもすぐに対応する。	ニュースが正しく伝わるように、画面の切り替え、字幕挿入、中継の挿入を行う。

より早く、正確な情報を集め、わかりやすく伝えることが重要である。

❸ 次時へ見通しをもつ主体的な学び（創り出す）

発問：ニュースを伝えるときに気を付けていることは何だろうか？

ニュース番組では情報を放送する際にどんなことに気を付けているかを考える。

評価　評価は以下の場面で考えられる

・②の協働場面での評価…ニュースが放送されるまでの過程を調べることができているか。
・③の場面での評価　【模範解答例】間違いがないか、事実であるかどうか。／誤解を受ける表現、まぎらわしい表現になってないか。／見ている人のことを考えて、相手の立場で。／脚色をしない、大げさに伝えないこと。

9 [情報産業の工夫や努力]

4　情報を集めて新聞を発行しよう

(学習課題No.61・1時間構成)

💡 本時のねらい

○情報産業の様子を資料などで調べて整理し，国民生活と関係付けて，情報産業の働きが国民の生活に大きな影響を及ぼしていることや，それぞれのメディアの特性を理解してまとめることができる。

学習のまとめとして，「情報新聞」づくりを行う。情報産業がどのように情報を集めて，正しく，速く，わかりやすく伝えているか，それを国民がどのように活用するかを調べ，新聞としてまとめる。

アクティブ・ラーニング的記事作成

社会的な見方や考え方

ICT…写真や資料などをつかう際には，出典などを明記することを指導する。

【空間的な見方・考え方】
・世界，日本各地で起きる事件や事故をどのように取材し，情報として発信するかを記者などの動きで調べ，まとめることができる。

【時間的な見方・考え方】
・情報を伝えてきたメディアがこれまでどのように変化してきたかを調べ，まとめることができる。

【相互関係に着目】
・情報を発信する立場，情報を受信する立場の関係に着目している。

【社会的事象を比較・分類・総合】
・テレビや新聞，インターネットなどのマスメディアを比較しながら，それぞれの長所や短所をまとめることができる。

【現代と結び付ける見方・考え方】
・自分たちの日常にある情報をどのように伝えるかを考え，記事としてまとめることができる。

評価

新聞でのまとめ活動は，ただ教科書や資料集にあることを写し書きして，カラフルにまとめ，見栄えがよいものが高評価されることがあるが，ここでは，上記の見方や考え方でまとめているかどうかを新聞の内容から評価することが重要である。

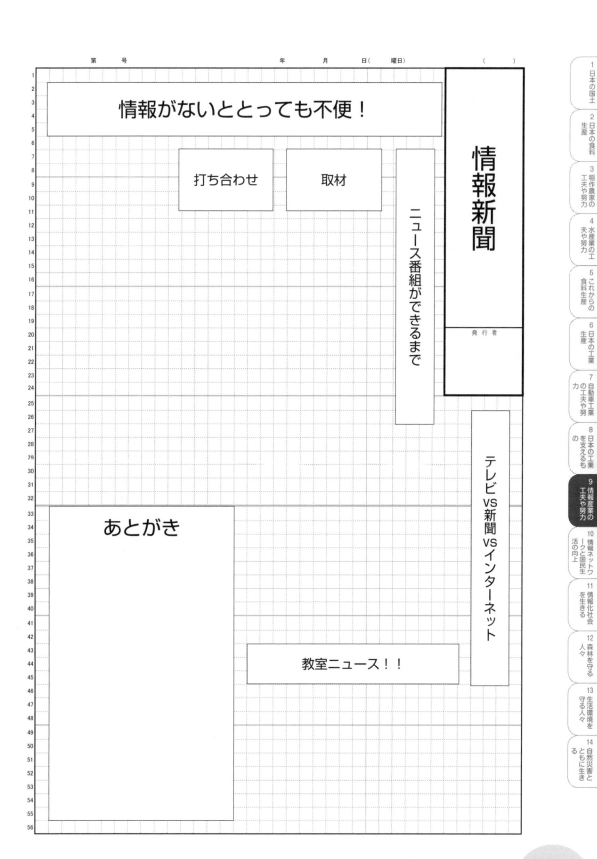

10 ［情報ネットワークと国民生活の向上］

1　情報はどのように活用されているのだろうか？

(学習課題No.62・1時間構成)

板書

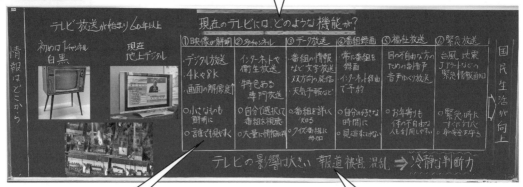

❶深い学びを生む学習問題

❷対話的な学びを生む協働

❸次時へ見通しをもつ主体的な学び

アクティブ・ラーニング的学習展開

❶　深い学びを生む学習問題（かかわる）
　　発問：テレビはどう変化してきたか？

ICT…情報が伝えられるニュース速報やデータ放送などの動画を提示。

　日本でテレビ放送が始まって60年以上経過する。はじめは1チャンネルだったテレビ放送も現在は数多くのチャンネルが存在している。毎日，多くのテレビ番組が放送され，多くの有名人の活躍を見たり，流行の言葉を聞いたりと，テレビは日常生活に深く浸透している。2006年から地上デジタル放送に移行が始まり，テレビの役割は昔と違い大きく変化している。

　現在，テレビは地上デジタル化への完全移行を終え，高速インターネットの普及などもあいまって，様々な機能を備えている。私たちは，知らず知らずにテレビから多くの情報を取り入れているのである。そこで，<u>現代のテレビにはどんな機能があり，どのように活用しているのかを調べ</u>，まとめる。調べる際には，昔のテレビとの比較をしながら保護者などから聞いていくとよい。

本時のねらい

【知識及び技能】テレビを中心に情報を伝達するメディアの進歩によって、国民の生活が豊かで便利になったことを理解する。【思考力、判断力、表現力等】一方で、情報が伝わりやすい反面、間違った情報も伝わってしまう怖さについても考えることができる。

❷ 対話的な学びを生む協働（つながる）

発問：テレビにはどのような機能があるか？

①映像が鮮明	②多チャンネル	③データ放送
・デジタル放送になり、映像が鮮明になった ・4Kや8Kテレビ ・画面の解像度が向上	・インターネットや衛星放送によって多くのチャンネルを視聴できる ・特色ある専門放送	・番組の情報など文字による情報 ・双方向の発信が可能 ・天気予報などいつでも
○小さなものも鮮明に見ることができる ○誰でも見やすい	○自分で選択して番組を視聴 ○大量に情報を取得	○番組を詳しく知る ○クイズ番組などに参加できる
④番組を録画	⑤福祉放送	⑥緊急放送
・常に番組を録画し ・インターネットで遠方からでも予約	・目の不自由な人のための副音声 ・音声ゆっくり放送	・台風や地震、Jアラートなどの緊急情報を通知
○自分の好きな時間に番組の視聴ができる ○見逃すことがない	○お年寄りや体の不自由な人もテレビを利用しやすくなる	○緊急時にすぐに対応できる ○身の安全を守る

　テレビの性能が進歩している結果、多くの情報が人々に送られることになった。情報を活用することで国民生活は豊かになっている。

❸ 次時へ見通しをもつ主体的な学び（創り出す）

発問：報道被害とは何か？

　テレビのように国民生活に深く浸透しているメディアは、便利な反面、誤解を受けるような報道をした際には、社会を混乱させることもある。福島原発の事故の際にも、福島の多くの人たちが社会的精神的な被害を受けている。

評価　評価は以下の場面で考えられる

・②の協働場面での評価…テレビ放送の特徴を多面的に調べることができているか。

・③の場面での評価

【模範解答例】福島原発の事故で放射線が福島全域に広がったとか、農作物が汚染されたなどと、根も葉もない情報がテレビの影響で大きく伝わってしまった。

10 [情報ネットワークと国民生活の向上]

2　生活の中にあるネットワークとは？

(学習課題No63・1時間構成)

板書

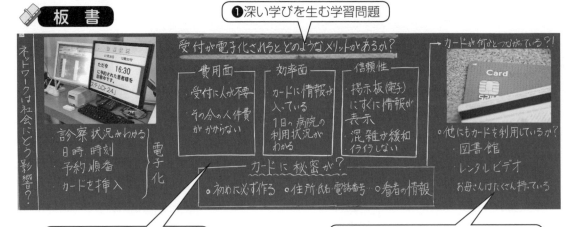

❶深い学びを生む学習問題

❷対話的な学びを生む協働

❸次時へ見通しをもつ主体的な学び

アクティブ・ラーニング的学習展開

❶ 深い学びを生む学習問題（かかわる）

　　発問：病院の仕組みを考えよう。

ICT…病院の受付の様子を画像で提示。

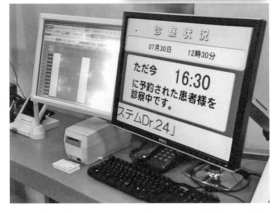

　病院に行くと，右のような画面が提示されていることが多く見られるようになった。画面にある情報を子供たちに読み取らせたい。

・診察状況とあるから，常に変化している。

・現在の日時と時刻が表示されている。

・予約した時刻で自分の番がどれくらいかわかるようになっている。

・カードを挿入すると自分の診察の順番が予約される。

　この事例は，病院の受付窓口が診察カードによって電子化され，コンピュータが受付の順番を設定するものである。現在ではこのようなシステムは珍しくなく，病院に限らず多くの窓口で採用されており，子供たちも体験したことがある仕組みであろう。しかし，一方でコストがかかることも予想される。このような「電子化」にはいったいどのようなメリットがあるのだろうか？といった問いを見いだし，学習問題を設定する。

本時のねらい

【思考力，判断力，表現力等】病院の受付でカードを利用することにどのようなメリットがあるのか，多面的・多角的に考えることができる。また，生活の中にはカードを利用する場面が多々あり，自分も情報を発信していることに気付くことができる。

❷ 対話的な学びを生む協働（つながる）

発問：受付が電子化されることでどのようなメリットがあるのか？

費用面	効率面	信頼性
○受付に人がいらなくなったり，減らしたりできるので，人件費がかからないのではないか	○カードに情報が入っている ○一日の患者の利用情報が後で把握できる	○掲示板にすぐに情報が出るので安心 ○混雑がなくなり，イライラしない

受付の電子化は，病院におけるネットワークの一部分である。レストランなどの受付は番号札をもらうだけであるが，病院では診察カードを挿入することが多い。ここではカードを挿入することに焦点化し，カードにはどんな情報が入っているのかを考える。

・初めてその病院を受診したときにつくる。
・名前，年齢，誕生日，住所，電話番号などが入っているのではないか。
・カードと患者さんの情報が結び付くようになっているのではないか。

このように，電光掲示板の表示を情報として受け入れていると同時に，病院側も患者の情報を効果的に活用していることに気付かせたい。情報がＩＣＴ機器をつかってやりとりできる仕組みを「情報ネットワーク」ということを伝え，病院ではどのように情報がやりとりされているのか，次時に向けての問いを生む。

❸ 次時へ見通しをもつ主体的な学び（創り出す）

発問：ネットワークの入り口は他にどんなものがありそうか？

社会には，電子化された情報ネットワークが今ではたくさん存在している。そこには「自分自身の情報」という概念があり，意識こそしていないが，自分自身も知らずに情報を発信していることに気付かせたい。

評価　評価は以下の場面で考えられる

・②の協働場面での評価…病院の受付が電子化されるメリットを多面的多角的に考えているか。
・③の場面での評価

【模範解答例】図書館でも本を借りるときにカードを提示する。／レンタルビデオ店でもカードを提示している。／インターネットでも自分の情報を入力するように求められることがある。

10 ［情報ネットワークと国民生活の向上］

3　電子カルテって何だろう？

（学習課題No.64・1時間構成）

板　書

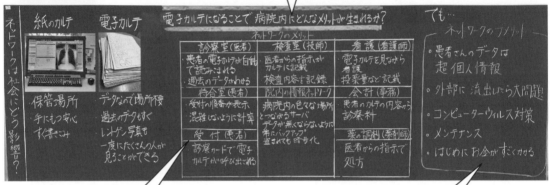

❶深い学びを生む学習問題

❷対話的な学びを生む協働

❸次時へ見通しをもつ主体的な学び

アクティブ・ラーニング的学習展開

❶　深い学びを生む学習問題（かかわる）

発問：紙のカルテと電子カルテを比べよう。

　　　　　　　　　　　　　　　　　　　　　← ICT…電子カルテを提示。

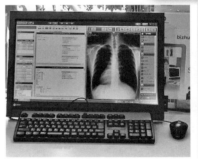

　これまで，病院では「カルテ」と呼ばれる患者の診察状況を記した診察記録カードを保管し，診療を行ってきた（写真右）。しかし，近年は「電子カルテ」をつかう病院が増えてきている（写真左）。診療記録を電子化することで，どのようなメリットがあるのか，子供たちに考えさせる。

・紙だと保管場所が必要だが，電子化するとパソコンの中に保存されるので便利。
・過去の細かい診察状況とか出した薬とかがすぐにわかる。
・レントゲン写真なども表示することができる。
・パソコンデータなので，いろいろな人が一度に見ることができる。

　紙のカルテと電子カルテを比べることで，電子カルテのメリットが見えてくる。電子カルテをつかうことでどんな立場の人々がよさを実感できるか？を考えたい。

本時のねらい

【知識及び技能】病院内における「情報ネットワーク」について，様々な役割の立場でメリットを考え，ネットワークの全体像を理解することができる。**【思考力，判断力，表現力等】**また，個人情報の観点からデメリットについても考えることができる。

❷ 対話的な学びを生む協働（つながる）

発問：電子カルテになることで病院内にはどんなメリットが生まれるか？

診察室（医者）	検査室（技師）	看護（看護師）
○患者の電子カルテが自動で読み込まれる ○過去のデータがわかる	○医者からの指示がカルテに記載され検査する ○検査が記録される	○電子カルテを見ながら看護 ○投薬量などが記載
待合室（患者さん）	**院内の情報ネットワーク**	**会計（事務）**
○受付の順番が表示される ○混雑しないように計算	病院内のいろいろな場所とつながるサーバ	○患者のカルテの内容で診察料が記録される
受付（患者さん）		**薬の調剤（薬剤師）**
○診察カードで電子カルテが呼び出される		○医者からの指示で処方される

　患者の情報が電子化されること（電子カルテ）で，複数の立場の人がアクセスでき，病院全体の動きが効率化されることがわかる。同時に作業ができることで，データが素早く処理され，待ち時間も短縮され，患者さんの負担を減らすことができる。また，違う患者に投薬するなどといったミスなどを防ぐこともできる。

❸ 次時へ見通しをもつ主体的な学び（創り出す）

発問：院内ネットワークにはデメリットはないのか？

　医療ネットワークのメリットについて理解した上で，デメリットについても考えたい。個人情報の管理という視点で病院側の対策を理解するようにする。

評価　評価は以下の場面で考えられる

・❷の協働場面での評価…院内ネットワークについて多角的に考えているか。
・❸の場面での評価

【模範解答例】個人の病名や投薬などの診療状況などは個人情報なので，外部に流出すると患者に大きな被害が起きる。／ウィルスなどの感染を防ぐために，コンピュータのメンテナンスが必要である。

10 [情報ネットワークと国民生活の向上]

4 病院と病院をつなぐネットワーク

(学習課題No65・1時間構成)

❶深い学びを生む学習問題

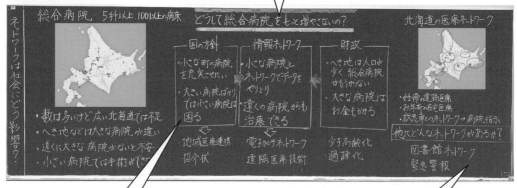

❷対話的な学びを生む協働

❸次時へ見通しをもつ主体的な学び

アクティブ・ラーニング的学習展開

❶ 深い学びを生む学習問題（かかわる）
発問：総合病院がこれだけで足りるか。

ICT…北海道の総合病院の位置を提示。

右に示した地図は，北海道における総合病院（5科以上の診療科をもつ病床数100以上の大きな病院）の位置を示したものである。この資料を提示し，以下のことに気付かせたい。

- 数は多いかもしれないけど，北海道は広いから足りないのでは。
- へき地などは大きな病院が遠い。
- 大きな病院が近くにないと不安では。
- 特別な手術などは大きな病院でないとできないのでもっと必要だ。
- 大きな病院がたくさんあるのが一番よいが，お金もかかる。

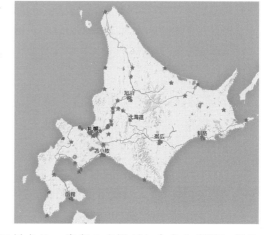

地図から見ると，総合病院が不足しているように見える。患者の立場だと大きな病院に行きたいと考えるだろう。しかし現在，国は地域のかかりつけ医を受診することを推奨している。そこで，どうして総合病院の数を増やさないのかといった問いを生む。

本時のねらい

【知識及び技能】総合病院の数の少なさから北海道の「医療ネットワーク」のよさについて調べ，理解することができる。【主体的に学習に取り組む態度】他のネットワークについても調べ，情報ネットワークが国民の生活を向上させることに気付くことができる。

❷ 対話的な学びを生む協働（つながる）

発問：どうして，総合病院の数をもっと増やさないのか？

国の方針	情報ネットワーク	財政
○小さい病院を充実させようとしている ○大きい病院ばかりじゃ小さい病院が困る	○小さな病院とネットワークでデータをやり取りする ○遠くの病院からも治療できる	○総合病院ばかりつくっても，へき地は人口が減っている ○お金もかかる
↓	↓	↓
○地域医療連携制度が進み，まずは地元のかかりつけ医を受診し，そこから紹介状をもらって大きな病院を受けるシステムに	○町の小さな病院と大きな都市の大きな病院がネットワークで結ばれ，電子カルテなどの情報をやりとりできる ○遠隔診察・治療も可能	○少子高齢化がへき地ほど進み，人口の過疎化が課題になっている

現在，北海道では地域ごとにいくつもの医療ネットワークが立ち上がり，病院同士がつながるようになってきている。このようなネットワークの進歩により，以下のようなシステムが医療の現場に広がっている。

・妊婦の遠隔医療…遠く離れた妊婦の負担が減る。
・お年寄りの在宅医療…お年寄りの健康を管理。
・救急車とのネットワーク…情報司令室との連携。

❸ 次時へ見通しをもつ主体的な学び（創り出す）

発問：他にも生活を向上させるネットワークを調べてみよう。

医療ネットワークの他にも，教科書では「図書館ネットワーク」「福祉ネットワーク」「防災ネットワーク」などが紹介されている。それぞれのよさを考えさせたい。

評価　評価は以下の場面で考えられる

・❷の協働場面での評価…医療ネットワークについて多面的に考えているか。
・❸の場面での評価

【模範解答例】緊急地震速報なども瞬時に国民につながるネットワークだといえ，災害から人々を守ることに役立っている。

11 [情報化社会を生きる]

1 情報化した社会って何だろう？

(学習課題No.66・1時間構成)

📷 板　書

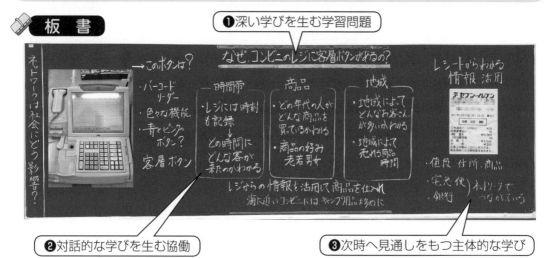

❶深い学びを生む学習問題

❷対話的な学びを生む協働

❸次時へ見通しをもつ主体的な学び

アクティブ・ラーニング的学習展開

❶ 深い学びを生む学習問題（かかわる）

発問：情報はどのように生かされているか。

現代は情報化社会である。ICT機器が発達し，今では，モノもインターネットにつがり情報交換をするIoT時代となった。そこで，右のコンビニのレジの写真を提示し，身近なものから情報の活用について考えたい。

・バーコードリーダーがある。
・計算だけじゃない機能があるようだ。
・青とピンクの謎の数字がある。

青とピンクのボタンは「客層ボタン」と呼ばれるもので，客の年齢を店員が予想して打ち込むボタンである。レジにはどのような働きがあるのだろうか？を問いとして学習問題を設定する。

> ICT…コンビニのレジや客層ボタンを提示。

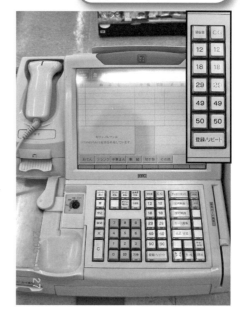

本時のねらい

【知識及び技能】コンビニエンスストアの「客層ボタン」の理由を考えることで，情報がどのように利用されているのかを理解することができる。【主体的に学習に取り組む態度】また，他にも情報ネットワークが活用されていることから，社会が情報化して生活が向上していることに気付く。

❷ 対話的な学びを生む協働（つながる）

発問：なぜ，コンビニのレジに客層ボタンがあるのか？

時間帯	商品	地域
○レジには時刻も記録されているので，どの時間帯にどんな客が来ているかがわかる	○どの年代の人が，どんな商品を買っているかがわかる ○商品の好みが男性と女性でどちらが多いかがわかる	○地域によってどんなお客さんが多いのかがわかる ○地域によって，売れる時間帯や商品の特徴がわかる

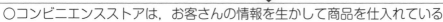

○コンビニエンスストアは，お客さんの情報を生かして商品を仕入れている
・小中学校に近いコンビニは文房具を多く入れている
・海に近いコンビニはキャンプ用品を多く取り揃えている

社会が情報化していることをレジの写真やレシートなどを見ながら具体化したい。コンビニエンスストアが情報を活用しながら，商品を揃え，売上をあげていることを例として「情報」を生かしていることから情報化社会を理解させる。

また，レシートから，コンビニエンスストアが商品の売買だけでなく，宅急便や各チケットの販売，銀行のお金の取り扱いなどもしていることを知り，インターネットを利用した情報ネットワークが発展し，生活が向上していることを理解させたい。

❸ 次時へ見通しをもつ主体的な学び（創り出す）

発問：自分が利用している情報ネットワークは？

子供たちとインターネットのかかわりについて，どのような場面でどのようなことが便利なのかを具体的に考えさせたい。

評価　評価は以下の場面で考えられる

・❷の協働場面での評価…レジの客層ボタンの理由を多面的に考えているか。
・❸の場面での評価

【模範解答例】学習のまとめで学校ホームページで発信したことがある。自分たちの考えを多くの人に伝えられる。／友達と簡単にメールで連絡がとれる。

11 [情報化社会を生きる]

2　情報化社会ではどんなことに気を付ければよいか？

(学習課題№67～68・2時間構成)

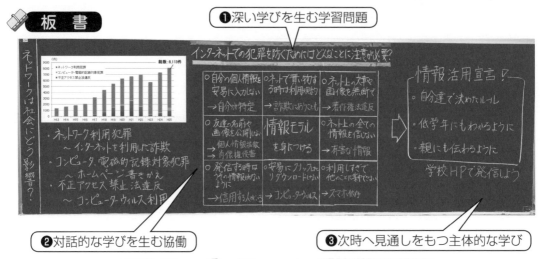

アクティブ・ラーニング的学習展開

❶ 深い学びを生む学習問題（かかわる）

発問：次のグラフを見て考えよう。

ICT…グラフをアニメーションで提示。

　右のグラフは，サイバー犯罪の検挙件数の推移である。サイバー犯罪とは以下のように分類される。

【ネットワーク利用犯罪】

・インターネットを利用した犯罪で，例えば，詐欺をもちかけたり，不正に料金をだましとる犯罪。

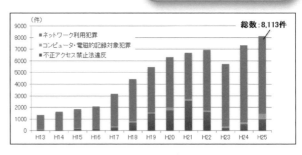

【コンピュータ・電磁的記録対象犯罪】

・金融機関などのオンライン端末を不正操作し，無断でホームページのデータを書き換えたりする犯罪。

【不正アクセス禁止法違反】

・他人のID，パスワードでなりすまし行為をしたり，コンピュータウィルスを利用して，IDやパスワード盗み取る犯罪。

　サイバー犯罪が増加している事実から，これらの犯罪を防ぐにはどのようなことに気を付ければよいかを問いとして見いだし，学習問題を設定する。

本時のねらい

【主体的に学習に取り組む態度】サイバー犯罪の増加という事実から，情報ネットワークには生活を向上させるよさがある反面，犯罪などに巻き込まれる怖さがあることを理解する。そこで，情報ネットワークにおけるモラルを主体的に考えることができる。

❷ 対話的な学びを生む協働（つながる）

発問：インターネットでの犯罪を防ぐためにはどのようなことに注意すべきか。

○自分の個人情報を安易に入力しない →自分が特定されてしまう	○ネットで買物をするときは利用規約を確認する →自分が特定されてしまう	○ネット上の文章や画像を無断で使わない →著作権違反になる
○友達の名前や画像を公開しない →個人情報が拡散する →肖像権違反になる	情報モラルを身に付けることが大切	○ネット上の情報の全てを信じない →有害な情報や嘘がある
○発信するときには嘘の情報がないようにする →信用する人がいる	○安易にクリックしたりダウンロードしない →コンピューターウィルス	○利用しすぎると他のことに集中できなくなる →スマホには中毒性がある

ここでは，道徳や特別活動などの時間を横断的に活用し，子供たち自身が情報活用のルールやマナーを考え，まとめていく活動も考えられる。自分のスマホを持つ子も多いことからも，子供たちがトラブルに巻き込まれることも大いに考えられる。今後も情報化社会が進展していくことを考えると，学校でしっかりと指導し，情報モラルを身に付けさせることは重要である。

❸ 次時へ見通しをもつ主体的な学び（創り出す）

発問：学校ホームページで情報活用宣言を発信しよう。

学校ホームページを活用し，自分たちで話し合い，情報を活用する上で大切だと考えたことを整理し，「情報活用宣言」として学校ホームページに掲載したり，校内サーバのトップページに公開したりするなどした取り組みも考えられる。

評価　評価は以下の場面で考えられる

・②の協働場面での評価…情報モラルについて気を付けなければならいことや危険性について多面的に考えているか。

・③の場面での評価

【模範解答例】調べ学習のときは，誰が発信している情報かをしっかりと確認する。／SNSで見知らぬ人と交流をしない，嘘の情報を発信しない。／相手のことを考えて，ネットワークを活用した通信をする。

11 ［情報化社会を生きる］
3 情報活用宣言を発信しよう

(学習課題No.69〜70・2時間構成)

💡 本時のねらい

○情報化社会の進展により，国民生活の利便性が向上すること，国民は適切な情報を見極める必要があることなど，情報活用のあり方を多角的に考えて，情報化社会のよさや課題について自分の考えをまとめることができる。

学習のまとめとして，「情報活用宣言」づくりを行う。情報ネットワークのよさを理解し，それに伴い，国民が正しく情報を活用したり発信したりできるために，主体的に情報モラルづくりを通して，考えを整理する。

アクティブ・ラーニング的記事作成

社会的な見方や考え方

ICT…タブレット端末などでスライドをつくり，わかりやすく話すように工夫する。

【空間的な見方・考え方】
・地震速報や遠い地域の情報も瞬時に届く情報ネットワークの仕組みについて調べ，まとめることができる。

【時間的な見方・考え方】
・他人へ連絡する手段が今と昔とではどれくらい違うかを調べ，情報ネットワークが国民生活を向上させたことをまとめている。

【相互関係に着目】
・情報を発信する立場，情報を受信する立場の関係に着目している。

【社会的事象を比較・分類・総合】
・テレビや新聞，インターネットなどのマスメディアを比較しながら，それぞれの長所や短所をまとめることができる。

【現代と結び付ける見方・考え方】
・自分たちが情報ネットワークを生活のどの場面で利用しているか，どんなことに利用できそうかを考えることができる。

🌸 評 価

情報活用宣言（プレゼンテーション）は，学んできたことを社会的な見方や考え方で整理し，自分たちがどのように情報ネットワークを活用するかを提案する。情報モラルを広めるために，受け手にわかりやすく伝えようとしている。

私たちの情報活用宣言！

主張：上手にインターネットを使って，生活に役立てます！

① インターネットを使って，学習の幅を広げます！ ・学習内容に合ったわかりやすいホームページがたくさんあります。	（情報モラル） ○調べ先のホームページを誰がつくっているのか確認する。 ○調べ先の画像や文章を勝手に利用しない。
②	（情報モラル）
③	（情報モラル）

12 ［森林を守る人々］

1 日本の自然にはどんな特徴があるのか？

（学習課題No.71・1時間構成）

板書

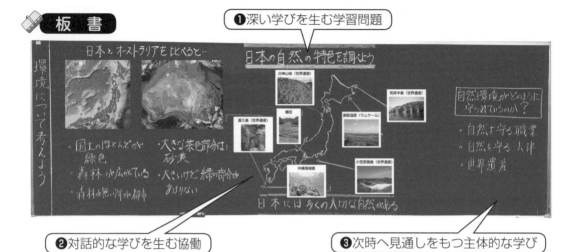

❶深い学びを生む学習問題
❷対話的な学びを生む協働
❸次時へ見通しをもつ主体的な学び

アクティブ・ラーニング的学習展開

❶ 深い学びを生む学習問題（かかわる）
発問：日本とオーストラリアを比べると？

ICT…Google Earthで世界の国々を俯瞰する。

右は，日本とオーストラリアの衛星画像である。同じ海に囲まれた国土をもつ両国だが，国土を見ると大きく違いがあるのがわかる。それは色である。オーストラリアの国土には大きく茶色が広がっているのに対し，日本の国土のほとんどが緑である。ここから次のことに気付かせたい。

・オーストラリアの茶色い部分は砂漠のようだ。
・地図帳を見るとやはり大きな砂漠が広がっている。
・日本のほとんどが森林だ。
・日本は人が集まっているところ以外は山々を中心とした森林であることを第1単元で学習した。

衛星画像を比べてみることで，日本が自然の豊かな国であることがわかる。そこで，日本の自然の特徴を調べてみようという問いを見いだし，資料を使って調べてみることにする。

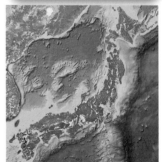

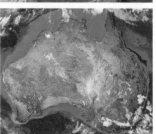

本時のねらい

【知識及び技能】日本の国土が森林をはじめとする豊かな自然にあふれていることを，資料や地図帳で調べ，まとめることができる。【思考力，判断力，表現力等】また，その自然環境がどのように保全，維持されているのかを考えることができる。

❷ 対話的な学びを生む協働（つながる）

発問：日本の自然の特色を調べよう。

ここでは，資料を活用しながら日本の自然環境の特色を調べる。その際には「世界自然遺産」や「これまでに調べてきた自然の名所」などを取り上げ，地図にまとめるとよい。

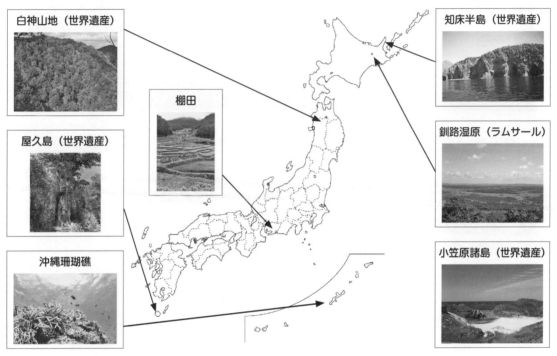

❸ 次時へ見通しをもつ主体的な学び（創り出す）

発問：日本ではこの多くの自然をどのように守っているのか。

日本の国土の自然環境がどのように保全されているのかに着目し，保全するために取り組んでいることを想像したい。

評価　評価は以下の場面で考えられる

・❷の協働場面での評価…国土の自然環境を調べてまとめることができているか。
・❸の場面での評価

【模範解答例】自然を守るための職業があり，様々な取り組みをしている。／環境が悪化している問題があり，解決しようとしている。

12 [森林を守る人々]

2　国土の３分の２の森林をどのように管理しているのか？

(学習課題No.72・1時間構成)

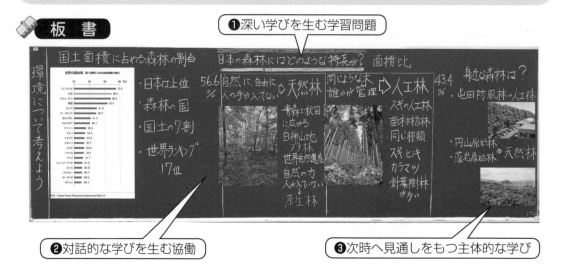

❶深い学びを生む学習問題

❷対話的な学びを生む協働

❸次時へ見通しをもつ主体的な学び

アクティブ・ラーニング的学習展開

❶ 深い学びを生む学習問題（かかわる）

発問：グラフを見て考えよう。

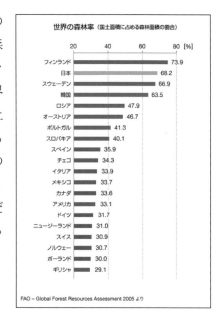

　右は，国土面積に占める森林面積の割合である。前時の日本とオーストラリアとの比較でわかるように，日本は森林の多い国である。これを世界で比較したものが右のグラフであるが，日本が非常に上位であることがわかる。世界のランキングだと日本は17位である。グラフを見ると国土の約７割が森林であるが，世界全体の平均が約３割であることを考えると，日本の国土は森林に恵まれている。その一方で，日本の森林にはどのような樹木があり，どのように管理されているかは，子供たちにとっては疑問があるだろう。<u>日本の森林にはどのような特徴があるのか？</u>といった問いを見いだし，学習問題を設定する。

本時のねらい

【知識及び技能】日本の森林の特徴を知り，「天然林」や「人工林」について調べ，その特徴を理解することができる。【主体的に学習に取り組む態度】また，森林についての問いを深め，次時への学習問題をつくることができる。

❷ 対話的な学びを生む協働（つながる）

発問：日本の森林にはどのような特色があるのか調べてみよう。

2枚の写真を比較する。以下のようなことに気付かせたい。

- 木の種類が違う。　・右の写真は同じような木が並ぶ。
- 左の写真は自然に生えている。　・右は人の手が入っている。
- 左は何も手をつけていない。

> ICT…天然林と人工林の画像を提示し，比較させる。

天然林（56.6％）	人工林（43.4％）
・青森と秋田に広がる白神山地のブナ林 ・世界自然遺産 ・自然の力 ・人手が全く入っていないのは「原生林」	・スギの人工林 ・苗木を植林 ・同じ種類の木が集中的に ・主に「スギ」「ヒノキ」「カラマツ」などの針葉樹

日本の森林は，このように大きく「天然林」と「人工林」に分けられる。森林面積の56.6％が天然林で，43.4％が人工林である。子供たちの身の回りの森林が「天然林」なのか「人工林」なのか観察してみるとよい。

❸ 次時へ見通しをもつ主体的な学び（創り出す）

発問：森林について学習計画を立てよう。

森林が「天然林」や「人工林」に分けられることを知った上で，森林について学ぶ学習計画を立てる。

評価　評価は以下の場面で考えられる

- ❷の協働場面での評価…「天然林」「人工林」について調べているか。
- ❸の場面での評価

【模範解答例】天然林はどの地域に広がっているのか調べたい。／人工林はなぜつくられているのかを調べたい。／人工林は誰が管理しているのかを調べたい。

12 [森林を守る人々]

3　どうして人工林がたくさんあるのか？

(学習課題No.73・1時間構成)

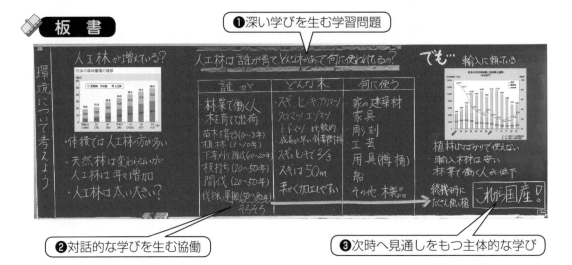

❶深い学びを生む学習問題
❷対話的な学びを生む協働
❸次時へ見通しをもつ主体的な学び

アクティブ・ラーニング的学習展開

❶ 深い学びを生む学習問題（かかわる）
発問：どうして人工林が増えているのか？

ICT…グラフをアニメーションで提示。

　右は，日本の森林蓄積の推移である。森林蓄積とは，森林を構成する樹木の幹の体積のことをいう。このグラフから以下のことを気付かせたい。

・森林面積は天然林のほうが広かったが体積では人工林のほうが多い。
・天然林の量は変わらないが，人工林は年々増えている。
・体積ということは，人工林のほうが太い木なのか。

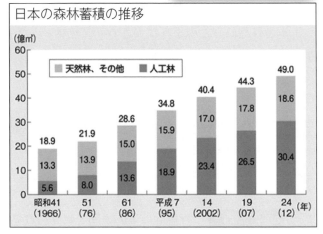

　人工林が増えていることや，面積が狭いにもかかわらず体積が大きいという事実から，人工林が頑丈で立派な木であることが想像できる。人工林が，何かに活用するためにつくられているのではないかという問いを生み出し，<u>人工林は誰が育て，どんな木があって，何につかわれているのか？</u>といった学習問題を設定する。

本時のねらい

【知識及び技能】日本には多くの人工林があり，増えていることを知り，人工林の特徴を多面的に調べ，整理することができる。【思考力，判断力，表現力等】また，輸入が増えてきた事実から，国内における林業の課題を考えることができる。

❷ 対話的な学びを生む協働（つながる）

発問：人工林は誰が育て，どんな木があって，何につかわれているのか。

以下の視点で，人工林について調べ活動を行い，整理する。

誰が	どんな木	何につかう
・林業で働く人 ・木を育てて出荷 苗木を育てる（0～3年） 植林（3～10年） 下草刈り・除伐（10～20年） 枝打ち（20～50年） 間伐（20～50年） 伐採・運搬（50～80年）	・スギ，ヒノキ，アカマツ，クロマツ，エゾマツ，トドマツなど比較的成長が早い針葉樹林 ・スギ，ヒノキで3分の2 ・特にスギは50m以上になる大木 ・柔らかく加工しやすい	・家の建築材 ・家具 ・彫刻 ・工芸 ・用具（樽・桶） ・船・その他，木製品

日本の森林は，終戦後から高度経済成長期の間の木材需要の高まりのために多くが伐採され，スギやヒノキなどが植えられた。現在，その植えられた人工林の半分は50年以上が経過し，伐採の適齢期を迎えている。

❸ 次時へ見通しをもつ主体的な学び（創り出す）

発問：なぜ，木材を輸入に頼っているのか？

右下のグラフから，日本が木材の多くを輸入に頼っていることがわかる。日本の木材産業の課題に気付かせたい。

評価　評価は以下の場面で考えられる

・❷の協働場面での評価…人工林について多面的に調べることができているか。

・❸の場面での評価

【模範解答例】植林したばかりでつかえない。／輸入の木材は日本のものと比べて安い。／輸入が増えてきたことで，林業に携わる人が減ってきて，森林が荒れる。／今後，日本の森林もつかえるようになるので，国産の木材を活用したい。

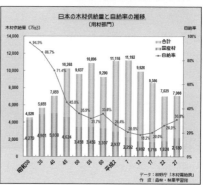

12 ［森林を守る人々］

4 天然林とはどんなところか？

(学習課題No.74・1時間構成)

　板　書

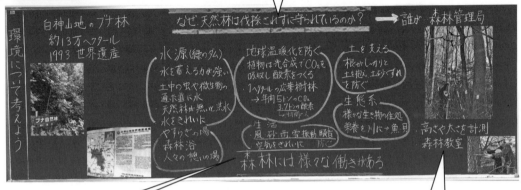

❶深い学びを生む学習問題

❷対話的な学びを生む協働

❸次時へ見通しをもつ主体的な学び

アクティブ・ラーニング的学習展開

❶ 深い学びを生む学習問題（かかわる）

発問：天然林とはどのような森林か？

> ICT…世界遺産の看板を提示し，何が遺産かを考えさせる。

　天然林とは，「自然の力で育ち，人手が入っていない（原生林）か，長い間にわたって人手の入った痕跡のない森林」のことさす。日本の代表的な「天然林」である「白神山地」は，秋田県北西部と青森県南西部にまたがる約13万haに及ぶ広大な山地帯で，人為の影響を受けていない世界最大級の幻想的なブナ林が分布している。ここは1993年に世界自然遺産に登録された。

　日本の天然林はほとんどが「広葉樹林」で，暖かい地方では「クスノキ」「カシノキ」「ブナ」「シイ」が生息し，寒い地方では「ブナ」が生息し，針葉樹林では「ヒバ」や「エゾマツ」が多く見られる。天然林は勝手に入ることはできず，多くは入林許可が必要となる。前時で学んだように，人工林は建築などのために活用するのに対して，<u>天然林は伐採されずに守られているのはなぜなのか？</u>といった問いを見いだし，学習問題として設定する。

本時のねらい

【知識及び理解】天然林が人の手が及ばないように守られている現状を知り，人工林と比較しながら天然林の価値や森林管理局の方々の仕事について理解する。また，人工林も含め，森林そのものが生活環境の中で大切なものであること理解する。

❷ 対話的な学びを生む協働（つながる）

発問：なぜ，天然林は伐採されずに守られているのか。

資料等で調べたり，場合によっては森林を管理する森林管理署の方をお招きし，話を聞くことも考えられる。（林野庁→森林管理局→森林管理署）

水源（緑のダム）	地球温暖化を防ぐ	土を支える
・ブナなどの天然林は水を蓄える力が強く，水資源を守る ・土中の虫や微生物の通った道や根と土の隙間に水を蓄える ・天然林がないと，洪水が起こりやすくなる ・水をきれいにする	・植物は光合成を行い，二酸化炭素を吸収して，酸素をつくり出す ・1haの広葉樹林で年間5トンの二酸化炭素を吸い，3.7トンの酸素をはき出す。人が14年間に使う酸素量に値する	・木の根がしっかりと土を抱え込むので，土砂崩れを防ぐ
		生態系
		・様々な生き物の住処になっている ・栄養のある水をつくり，川に流し，魚や貝を育てる
生活	**やすらぎの場**	
・風，砂，雨，雪，振動，騒音から生活を守る ・空気をきれいにする	・森林浴 ・人々の憩いの場	

天然林を守る理由から，森林そのものの価値や働きを見いだすように整理したい。

❸ 次時へ見通しをもつ主体的な学び（創り出す）

発問：森林管理局の人はどんな仕事をしているのか？

森林の役割を学んだところで，森林管理局の人の仕事を想像したい。

評価　評価は以下の場面で考えられる

・②の協働場面での評価…森林の働きを多面的に整理することができているか。
・③の場面での評価

【模範解答例】森林の状況を確認しながら，課題を解決している。／森林の価値を市民に広める。／災害などから森林を守る。

12 ［森林を守る人々］

5　森林を守っていくためにどんなことが行われているか？

(学習課題No.75・1時間構成)

板書

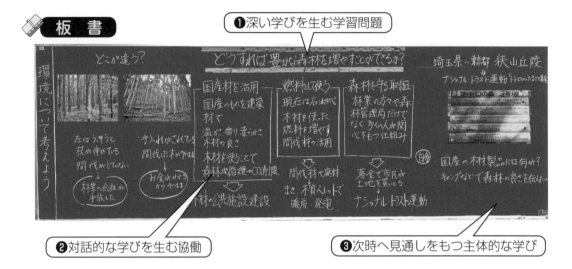

❶深い学びを生む学習問題
❷対話的な学びを生む協働
❸次時へ見通しをもつ主体的な学び

アクティブ・ラーニング的学習展開

❶ 深い学びを生む学習問題（かかわる）
　　　　発問：どこかおかしいところは？

▶ **ICT**…人口林の写真を提示。

　右の2枚の写真は，「スギの人工林」である。この2枚の写真には，実は問題点が写っている。
　・上の写真はうっそうとしている。
　・枝が伸びている。
　・間伐がされていないように見える。
　・下の写真は手入れがされている。
　・でも，間伐した木がそのままになっている。

　上の写真は手入れや間伐がされていない。また，下の写真は間伐はしたが，そのまま捨てた状態である。いずれも木材が売れないことと輸入木材が増えたことが影響している。結果として森林が荒れていく。このような人工林が増えている背景がある中，**どうすれば，豊かな森林を増やすことができるか？** といった問いを見いだし，学習問題を設定する。

本時のねらい

【知識及び理解】木材の輸入が増えたことや、木材があまりつかわれなくなったことなどから、人工林が荒れたり、林業人口が減少していることを知り、それを守るためにどんな取り組みがあるのかを調べ、まとめることができる。

❷ 対話的な学びを生む協働（つながる）

発問：どうすれば、豊かな森林を増やすことができるのか。

プラスチックやアルミニウムなど、木材に代わる材料が増えたことや、安い輸入木材が増えたことなどから、林業に携わる人々が減少している問題がある。

国産木材を活用	燃料として使う	森林を守る取り組み
・国産のものを建築材で ・温かさ、香り、柔らかさといった木材のよさ ・木材を使うことで森林が循環し、二酸化炭素排出量の減少につながる	・現在は石油などが中心だが、木材をつかった燃料を増やしていく ・間伐材などは余っている木材がある	・林業の人々や森林管理局だけではなく、多くの人が関心をもって守っていく仕組みづくり
↓	↓	↓
・全国各地の市町村で、新しい公共施設を木材を利用して建築する地域が増えている	・間伐材や廃材などを使い、薪や木質ペレットなどを利用した暖房や発電所が増えている	・募金を集めて、市民が土地を買い取り森林を守るナショナル・トラスト運動

埼玉県から東京都にかけて広がる狭山丘陵は、日本でも代表的なナショナル・トラスト運動によって保全されている地域である。「トトロのふるさと基金」が設立され、現在21カ所が買い取られ、保全活動が行われている。

❸ 次時へ見通しをもつ主体的な学び（創り出す）

発問：森林を守るために自分ができることを考えよう。

子供たちが森林保全について主体的に考える場をつくる。

評価　評価は以下の場面で考えられる

・❷の協働場面での評価…森林保全についての取り組みを調べ、多面的に整理することができているか。
・❸の場面での評価

【模範解答例】国産の木材製品にはどんなものがあるか気にかけるようにしたい。／キャンプなどで森林のよさを探して、自由研究で取り組んでみたい。

12［森林を守る人々］

6　日本の森林産業についてまとめよう！

(学習課題No.76・1時間構成)

本時のねらい

○森林は，その育成や保護に従事している人々の様々な工夫と努力によって，国土の保全など，重要な役割を果たしていることを理解する。また，森林資源の分布や働きなどに着目して，国土の環境を捉え，森林資源が果たす役割を考え，表現する。

学習のまとめとして，「新聞製作」を行う。ここでは，天然林や人工林を管理する人々や保全するために活動する人々，森林の役割などを多面的・多角的に整理し，まとめていきたい。

アクティブ・ラーニング的記事作成

社会的な見方や考え方

ICT…各地域の特色を表す画像資料を検索し，著作権などを配慮して上手につかわせたい。

【空間的な見方・考え方】
・日本全国における世界遺産や原生林などの貴重な森林資源について，その特徴などを調べ，整理することができる。
・全国における自然を保護する取り組みについて調べ，整理することができる。

【時間的な見方・考え方】
・日本における林業に携わる人々の経年変化や木材の国内生産量と輸入量の経年変化を調べ，森林産業の変化について理解している。

【相互関係に着目】
・森林の働きにおける森林と人間生活の関係を理解し，表現している。

【社会的事象を比較・分類・総合】
・人工林と天然林の比較，国産木材と輸入木材の比較をして，森林の特徴や今後の森林産業についてや森林保全について考え，表現している。

【現代と結び付ける見方・考え方】
・身の回りにある森林に関心をもち，天然林や人工林の観点で調べてまとめたり，日常的に木製品がどのようにつかわれているかを調べたりし，これからの森林保全について考える。

評　価

新聞でのまとめ活動は，ただ教科書や資料集にあることを写し書きして，カラフルにまとめ，見栄えがよいものが高評価されることがあるが，ここでは，上記の見方や考え方でまとめているかどうかを新聞の内容から評価することが重要である。

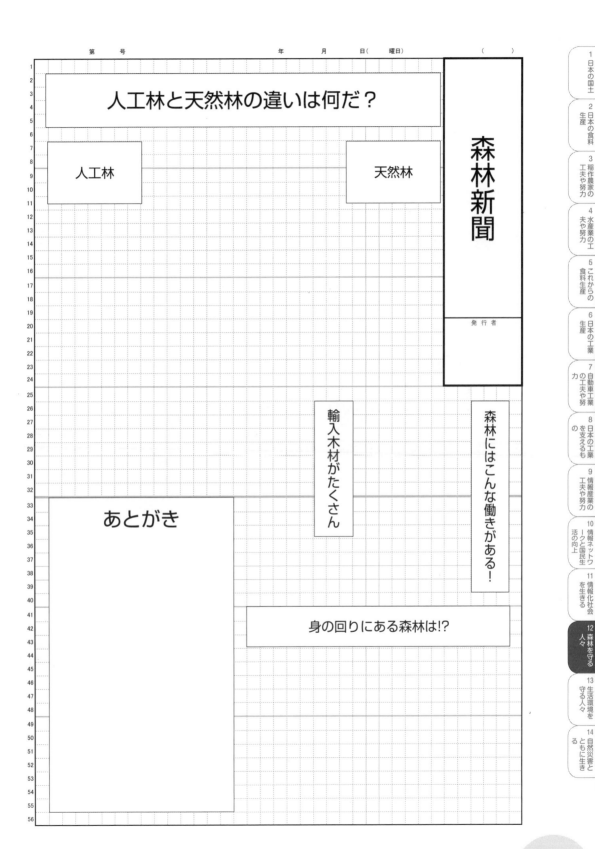

13 [生活環境を守る人々]

1　公害から環境を守るとは？

(学習課題No.77・1時間構成)

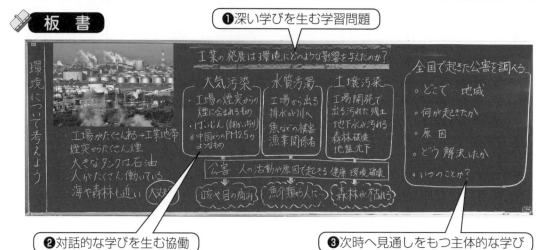

❶深い学びを生む学習問題

❷対話的な学びを生む協働　　❸次時へ見通しをもつ主体的な学び

アクティブ・ラーニング的学習展開

❶　深い学びを生む学習問題（かかわる）
発問：この写真から想像してみよう。

ICT…工業地帯の写真をマスキングしながら提示。

右の工業地帯の写真から，これまでの学習を通して想像させたい。

・工場がたくさんありそうなので工業地帯だ。
・煙突からたくさん煙が出ている。
・タンクのようなものは石油かも。
・人がたくさん働いている。
・海や森林が見える。
・環境にはあまりよくないのではないか。

これまでの学習から，写真は「工業地帯」「工業地域」のものであることは子供たちも予想がつく。日本が工業国として発展したことを学んだ子供たちが前単元で「環境」について学んだことで，「森林」や「海」「大気」が汚染されているのではないかという見方を引き出したい。<u>工業が発展してきた影で環境には影響がなかったのか？</u>という問いを見いだし，学習問題として設定する。

154

本時のねらい

【主体的に学習に取り組む態度】工業の発展の影で，大気汚染，水質汚濁，土壌汚染などが起こり得ることを理解し，全国各地でどのような公害が起こったのか，時期，地域，原因，解決の視点で学習計画を立てることができる。

❷ 対話的な学びを生む協働（つながる）

発問：工業の発展は環境に悪影響ではなかったのか調べてみよう。

ここではまず，工業の発展の影で起こり得る環境破壊を想像する。

大気汚染	水質汚濁	土壌汚染
・工場の煙突からの煙に含まれる物質で空気が汚れる ・ばいじん（細かいちりやほこり）による被害 ・中国でのPM2.5と同じ	・工場から出る工場排水によって川や海が汚れる ・魚などに被害が及ぶ ・漁業関係者に被害	・工場開発で出る汚れた残土などの影響で土壌が汚染 ・地下水が汚れる ・森林が汚染される ・地盤沈下が起きる
公害…工場などの人の活動によって生ずる人の健康や生活環境にかかわる被害		
・空気が汚染されると，咳が出たり，目が痛くなったりするのでは	・汚染された魚介類を食べると健康被害もあるのでは	・地下水が汚染されると森林がやせたり，枯れたりするのでは

公害には，この他，騒音，振動，悪臭などが挙げられる。このような公害がこれまでに日本の各地で発生していたかどうかを次時に調べる学習計画を立てる。

❸ 次時へ見通しをもつ主体的な学び（創り出す）

発問：全国で発生した公害について調べる計画を立てよう。

公害について学んだ子供たちが，具体的にどのような公害が起こったのかを調べる計画を立てる。起こった地域や，原因，また，それをどのように解決していったのかを整理できるようにする。

評価 評価は以下の場面で考えられる

・❷の協働場面での評価…工業発展における環境破壊について考えられることを多角的に捉え，整理することができているか。
・❸の場面での評価

【模範解答例】大気汚染は，今でもPM2.5など話題になることがあるので，原因や解決について調べてみたい。／いつごろ，どの地域で起きたのかを調べ，関連性があるのか知りたい。

13 ［生活環境を守る人々］

2　全国でどのような公害が起こったのか？

（学習課題No.78・1時間構成）

板書

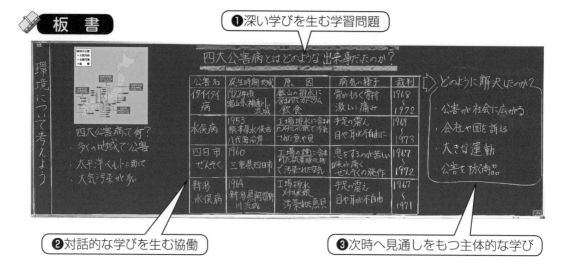

❶ 深い学びを生む学習問題
❷ 対話的な学びを生む協働
❸ 次時へ見通しをもつ主体的な学び

アクティブ・ラーニング的学習展開

❶ 深い学びを生む学習問題（かかわる）
発問：全国の公害地図からわかることは？

ICT…太平洋ベルトの画像を提示。

右は，主な公害発生地域の地図である。この図から以下のことに気付かせたい。

・四大公害病と呼ばれるものがある。
・多くの場所で公害が発生している。
・公害が発生している地域は西日本に集中している。
・太平洋ベルトに集中してる。
・大気汚染が多く発生している。
・鉱毒というのはどんな公害か。

※鉱毒とは鉱山や金属精錬所における鉱物処理の排水・排煙中に含まれる有害物質。

（読谷むらHPより）

太平洋ベルトを中心に，日本ではこれまで多くの公害が発生している。中でも水俣病，四日市ぜんそく，イタイイタイ病，新潟水俣病は被害が大きく，四大公害病と呼ばれる。<u>四大公害病はどんな公害だったのか？</u>という問いを見いだし，学習問題を設定する。

 本時のねらい

【知識及び技能】公害発生地図の分布から，工業が盛んな太平洋ベルトを中心として公害が発生していることを理解する。【思考力，判断力，表現力等】また，四大公害病の内容を調べることで，これらの公害がどのように改善されていったのかを考えることができる。

❷ 対話的な学びを生む協働（つながる）

発問：四大公害病はどんな公害病だったのか調べよう。

資料から，以下のように整理してまとめる。

公害名	発生時期と地域	原因	病気の様子	裁判
イタイイタイ病	1922年頃 富山県神通川流域	鉱山の排水に含まれたカドミウムで汚染された水や食事を飲食	骨がもろくなり，折れやすくなり，激しい痛み	1968～1972
水俣病	1953年頃 熊本県水俣市八代海沿岸	工場排水に含まれるメチル水銀で汚染された魚や貝を食べた	手足の震え，目や耳が不自由になる等	1969～1973
四日市ぜんそく	1960年頃 三重県四日市市	工場が出す煙に含まれる硫黄酸化物で汚染された空気を吸う	息をするのが苦しく，喉が痛くなる。ぜんそくの発作も	1967～1972
新潟水俣病	1964年頃 新潟県阿賀野川流域	工場排水に含まれるメチル水銀で汚染された魚や貝を食べた	手足の震え，目や耳が不自由になる等	1967～1971

四大公害病は，戦後日本が工業の発展を優先した国づくりを行ったことで，市民への影響を考えずに産業の発展を重視した結果発生した。

❸ 次時へ見通しをもつ主体的な学び（創り出す）

発問：これだけ大きな公害病がどのように解決したのか考えよう。

四大公害病がどのように解決していったかを想像することで，次時の学習につなげていく。

評価　評価は以下の場面で考えられる

・❷の協働場面での評価…四大公害病について場所や時期，原因を調べて整理することができているか。
・❸の場面での評価

【模範解答例】公害を取り締まる法律ができたのではないか。／市民がデモなどを起こして，会社や国を訴えたのではないか。

13 [生活環境を守る人々]

3 四日市ぜんそくはどのように改善されたのか？

(学習課題No.79～80・2時間構成)

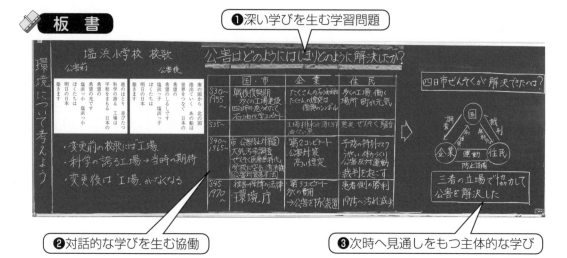

❶深い学びを生む学習問題
❷対話的な学びを生む協働
❸次時へ見通しをもつ主体的な学び

アクティブ・ラーニング的学習展開

❶ 深い学びを生む学習問題（かかわる）

発問：どうして，校歌が変わったのか？

右は，四日市ぜんそくの舞台となった三重県四日市市の中でも最も大きな被害を受けた塩浜小学校の校歌である。実は，塩浜小学校は1972年に上の校歌から下の校歌に変更している。1972年といえば，四日市ぜんそくの裁判で住人が勝訴した年である。二つの校歌から当時の日本の様子を考えさせたい。

・変更前の校歌には工場という言葉がある。
・「科学の誇る工場に」という言葉に，当時の期待が込められている。
・変更後は工場という言葉がなくなっている。

校歌が変わった事実から，市民も大きくかかわったことがわかる。そこで，<u>四日市の市民はどのように公害にかかわったのか？</u>という学習問題を設定する。

港のほとり　並びたつ
科学の誇る　工場は
平和をまもる　日本の
希望の光です
塩浜っ子　塩浜っ小
ぼくたちは
明日の日本
築きます

↓

南の国から　北の国
港出ていく　あの船は
世界をつなぐ　日本の
希望のしるしです
塩浜っ子　塩浜っ子
ぼくたちは
明日の日本
築きます

 **本時のねらい**

【思考力，判断力，表現力等】四日市市の塩浜小学校が校歌を変更したことをきっかけに，公害に対して市民がどのようにかかわっていったのかを考える。【知識及び技能】そして，国，企業，市民の多角的な視点から，四日市ぜんそく解決の経緯を理解することができる。

❷ 対話的な学びを生む協働（つながる）

発問：公害はどのように始まり，どのように解決していったのか。

国・企業・市民の視点で多角的に調べ，まとめていく。

	国・市	企業	市民
S30 1955〜	戦後復興期に全国に多くの工場を建設 四日市の港を埋め立てて石油化学コンビナート	たくさんの石油会社 たくさんの煙突は経済復興のシンボル	多くの工場ができ，働く場所もでき，町が元気になることを期待
S35〜		工場の排水が海を汚し，油臭い魚が獲れだす	悪臭・騒音 ぜんそくの患者が増加
S40 1965〜	市が公害防止対策委員会大気汚染調査 ぜんそくの医療費無料化 学校に空気清浄機設置 公害対策基本法ができる	第2コンビナート生産 工場は公害対策のために高い煙突につけかえる →より広範囲に被害が拡大してしまう	予防の特別なマスク うがい，体力づくり 公害反対運動 裁判を起こす
S45 1970〜	健康被害の保障のための法律ができる 環境庁ができる	第3コンビナート生産 多くの費用をかけ公害を防ぐ設備が開発・実用化	患者側の勝訴 1975年頃から大気の汚れが減少

※ジグソー学習の展開も考えられる。

❸ 次時へ見通しをもつ主体的な学び（創り出す）

発問：四日市ぜんそくの解決の理由は何か。

ICT…四日市公害と環境未来館のホームページがよくまとまっており，調べやすい。

四日市ぜんそくが改善された経緯を総合的に判断し，その理由を考える。

評価 評価は以下の場面で考えられる

・❷の協働場面での評価…四日市ぜんそくについて多角的に調べて整理することができているか。
・❸の場面での評価

【模範解答例】市民が運動を起こしたことが公害を解決する大きなきっかけとなった。／公害を解決するために国・企業・市民が動いたことが解決につながった。

13 [生活環境を守る人々]

4 環境をもっとよくしていくためには

(学習課題No81・1時間構成)

板書

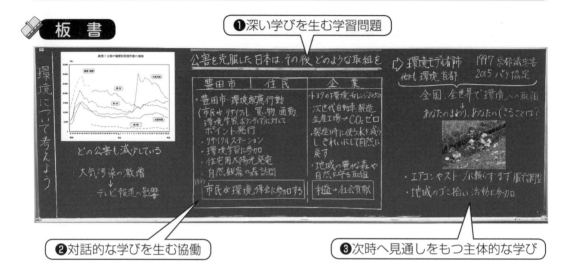

❶深い学びを生む学習問題

❷対話的な学びを生む協働

❸次時へ見通しをもつ主体的な学び

アクティブ・ラーニング的学習展開

❶ 深い学びを生む学習問題（かかわる）

発問：その後，全国の公害はどのように解決していったか？

ICT…グラフをアニメーションで提示。

環境庁（元環境省）の設置や公害対策基本法の成立により，全国でも公害は解決の方向に向かった。右のグラフからもわかるように，昭和47年をピークに苦情件数は減少をしていく（大気汚染が平成11年に急上昇しているのは誤ったダイオキシン公害報道による風評被害）。

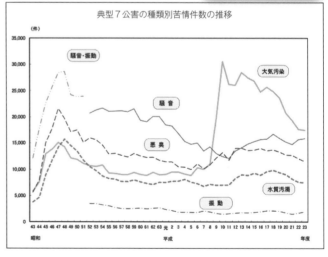

公害が減少し，それを維持しているのは，前時で学んだように国や市民，企業の努力がある。そこで，環境をよりよくしていくために人々はどのような活動をしているのか？といった問いを見いだし，学習問題として設定する。

本時のねらい

【知識及び技能】公害の苦情件数の低下から、行政や企業、市民の取り組みであることを理解し、公害を解決した後に、自治体がどのように今日まで環境保全の取り組みを行っているかを多角的に調べる。

❷ 対話的な学びを生む協働（つながる）

発問：公害を克服した日本は、その後どのような取り組みをしているか？

公害対策基本法成立後、日本では各自治体で環境保全のための取り組みが行われている。ここでは豊田市の取り組みを取り上げたい。

豊田市	住民	企業
豊田市が進める環境配慮行動（市民がリサイクル、買い物、通勤、環境学習、ボランティア活動等に取り組む）に対して、ポイントを発行する取り組み	・リサイクルステーションに資源を持ち込む ・環境学習に参加 ・住宅用太陽光発電システムを設置 ・自然観察の森を訪問　など 市民が環境保全に参加することを目的とする	トヨタ自動車の環境チャレンジ2050 ・次世代自動車、自動車製造、生産工場での二酸化炭素排出をゼロに近づける取り組み ・製造でつかう水を限りなく減らし、つかった水は徹底的にきれいにして自然に還す取り組み ・地域の豊かな森や自然を守る取り組み 利益だけではなく社会に貢献する

　NGOが主催する「日本の環境首都コンテスト」や国が主催する環境モデル都市など、自治体の環境に重点を置いた取り組みが進んでいる。その背景には、地球温暖化を防ぐ世界的な取り決め「京都議定書（1997）」や「パリ協定（2015）」などの影響がある。

❸ 次時へ見通しをもつ主体的な学び（創り出す）

発問：自分ができる環境保全活動を考えてみよう。

市や市民や企業が協力して取り組んでいることを理解し、子供たちにも自分自身でできる環境保全活動を考えさせたい。

評価　評価は以下の場面で考えられる

・❷の協働場面での評価…豊田市の環境を守る取り組みについて多角的に調べ、整理することができているか。
・❸の場面での評価

【模範解答例】冷房や暖房は服装で調節してから最低限の設定にする。／地域のゴミ拾い活動に参加しよう。

13 ［生活環境を守る人々］

5　日本の公害問題についてまとめよう！

(学習課題No.82・1時間構成)

💡 本時のねらい

○公害の防止や生活環境の改善は、関係機関や地域の人々の努力によってなされてきたことを理解し、公害から国土の環境や国民の健康な生活を守ることを調べ、表現している。

学習のまとめとして、「新聞製作」を行う。ここでは、四大公害病の一つである四日市ぜんそくの経過や解決についてや豊田市の環境保全の取り組みについて調べ、国や自治体、企業、住民の立場で多面的・多角的に整理し、まとめていきたい。

アクティブ・ラーニング的記事作成

社会的な見方や考え方

← **ICT**…各地域の特色を表す画像資料を検索し、著作権などを配慮して上手につかわせたい。

【空間的な見方・考え方】
・日本全国における、公害の発生分布や四大公害病の発生地域の特徴を調べ、工業発展地域とのかかわりで調べ、表現することができる。

【時間的な見方・考え方】
・日本における公害発生の歴史、特に四大公害病の発生、原因、経過、解決などを年表などを見ながら整理し、まとめることができる。

【相互関係に着目】
・日本の工業の発展と公害の関係、公害における国や自治体、企業、住民の相互関係を理解し、表現している。

【社会的事象を比較・分類・総合】
・四大公害病を比較し、その特徴や発生の背景、解決までの経緯を理解しながら調べ、総合的にまとめている。

【現代と結び付ける見方・考え方】
・身の回りにある公害…ゴミの不法投棄、騒音、振動などを調査し、環境について関心をもって考えたり、自治体の環境保全の取り組みを調べたりして、表現することができる。

🌸 評　価

新聞でのまとめ活動は、ただ教科書や資料集にあることを写し書きして、カラフルにまとめ、見栄えがよいものが高評価されることがあるが、ここでは、上記の見方や考え方でまとめているかどうかを新聞の内容から評価することが重要である。

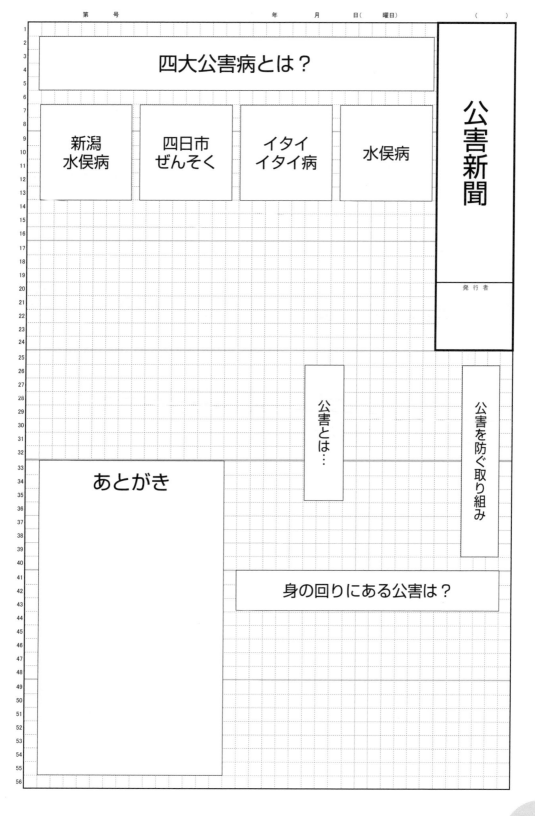

14 ［自然災害とともに生きる］

1　自然災害にはどのようなものがあるか？

(学習課題No.83・1時間構成)

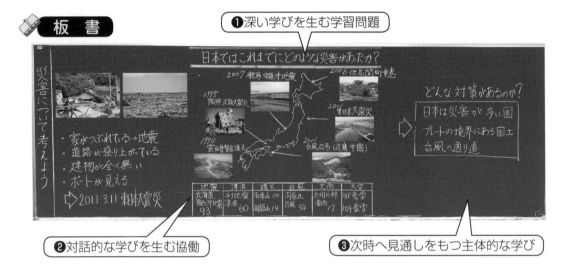

❶深い学びを生む学習問題

❷対話的な学びを生む協働

❸次時へ見通しをもつ主体的な学び

アクティブ・ラーニング的学習展開

❶　深い学びを生む学習問題（かかわる）
　　　　発問：右の写真ではどんなことが起きたのか？

ICT…災害データベース写真，東日本大震災の写真を提示。

　右は，「東日本大震災」の写真である。震災発生から数年たち，子供たちにとっては記憶がない子も多い。何が起こったのか想像させたい。

・家が潰れているから地震があった。
・道路が盛り上がっている。
・下の写真は建物が何もない。
・ボートが見えるのはどうしてか。
・地震だけじゃ建物はなくならないはず。
・地震の後，津波が来たと聞いたことがある。
・津波が建物を全部持っていった。

　東日本大震災の事実を提示して，<u>日本ではこの他にもどんな自然災害が起こり得るのか？</u>という問いを見いだし，学習問題を設定する。

本時のねらい

【知識及び技能】東日本大震災の様子から、日本には多くの災害があることを知り、これまで発生した日本の災害について多面的に調べて整理する。【思考力、判断力、表現力等】また、国土の特徴と関連付けて自然災害が多い理由を考えることができる。

❷ 対話的な学びを生む協働（つながる）

発問：日本ではどのような災害が起きてきたのか？

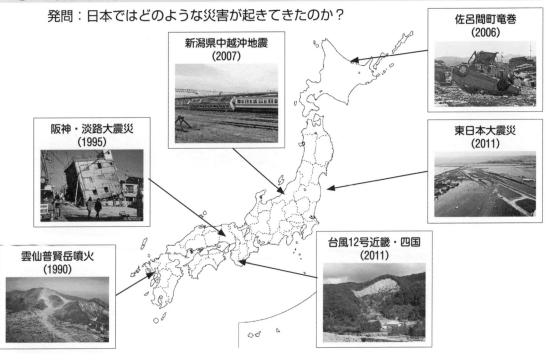

災害を大きく分類すると次のようになる。

地震	津波	噴火	台風	大雨	大雪
北海道南西沖地震（93）	チリ地震津波（60）	有珠山（00）御嶽山（14）	洞爺丸台風（54）	九州北部豪雨（17）	H18豪雪 H24豪雪

❸ 次時へ見通しをもつ主体的な学び（創り出す）

発問：どうして日本は自然災害が多いのか考えよう。

「日本の国土」の単元を想起しながら、国土の特徴と関連付けて考える。

評価　評価は以下の場面で考えられる

・❷の協働場面での評価…日本の災害について多面的に調べ、整理することができているか。
・❸の場面での評価

【模範解答例】プレートの境界に国土があるため、地震が発生しやすい。／台風の進路に沿って国土があるため、台風の被害が毎年ある。

14 ［自然災害とともに生きる］

2　自然災害をどのように防ぐのか？

(学習課題No.84・1時間構成)

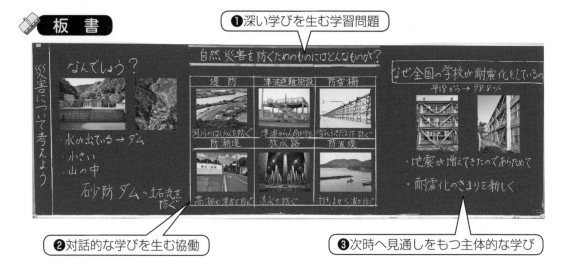

❶深い学びを生む学習問題

❷対話的な学びを生む協働

❸次時へ見通しをもつ主体的な学び

アクティブ・ラーニング的学習展開

❶ 深い学びを生む学習問題（かかわる）

発問：右の写真は何のためのものか？

ICT…砂防ダムの写真を提示する。

右の写真は，「砂防ダム」と呼ばれる設備である。ダムという名がついているが，貯水するためのものではない。子供たちに何のための設備かを想像させたい。

・水が出ているからダムだよ。
・でもダムにしては小さいな。
・山の中にある。
・川の途中にあるので流れを止めるのか。
・川の中に流れているものを止める。

「砂防ダム」は，川から流れてくる土砂（土石流）を貯めるための設備である。土砂を止めることで，下流の被害を防ぐのである。そこで，<u>このような自然災害を防ぐものには他にどのようなものがあるのか？</u>を問いとして見いだし，学習問題として設定する。

本時のねらい

【知識及び理解】自然災害を防ぐための施設を多面的に調べ，何のための施設で，どのように機能するのか整理する。【思考力，判断力，表現力等】また，国が耐震化を進めている理由を，災害が多い国土と関連させて考えることができる。

❷ 対話的な学びを生む協働（つながる）

発問：自然災害を防ぐためのものにはどんなものがあるか？

自然災害を防ぐものを資料から調べる。

堤防	津波避難施設	防雪柵

河川の氾濫を防ぐ土手	津波から人命を守る施設	雪の吹き溜まりを防ぐ柵
防潮堤	放水路	防波堤

高潮や津波を防ぐ堤防	洪水を防ぐため川を分岐	打ち寄せる波を防ぐ

❸ 次時へ見通しをもつ主体的な学び（創り出す）

発問：全国の学校が耐震化を進めているのはなぜか？

平成18年に法律が改正され，全国の建築物の耐震化が進められている。現在，小中学校は98.8％が耐震化を行った（H29）。

評価　評価は以下の場面で考えられる

・❷の協働場面での評価…自然災害を防ぐ施設を多面的に調べ，整理しているか。

・❸の場面での評価

【模範解答例】地震が多い国なので，子どもがたくさんいる学校を耐震化した。／大きな地震が続いているので，耐震化のきまりを新しくした。

14 [自然災害とともに生きる]

3 防潮堤があれば平気なのだろうか？

(学習課題No.85・1時間構成)

板書

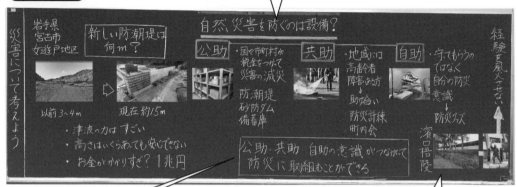

❶深い学びを生む学習問題
❷対話的な学びを生む協働
❸次時へ見通しをもつ主体的な学び

アクティブ・ラーニング的学習展開

❶ 深い学びを生む学習問題（かかわる）
発問：新しい防潮堤は何m？

ICT…震災直後とその後の防潮堤の写真を比較する。

　右の写真は，岩手県宮古市の女遊戸地区の海岸にあった堤防である。東日本大震災での津波によって崩壊した写真である。右下は，その後，新しく建造されている「防潮堤」だ。完成すれば高さが14.7mになる。岩手，宮城，福島の3県では総延長400km，予算1兆円をかけて防潮堤を建造する。この事実を子供たちに伝え，考えを聞く。

・津波の力はこんなにすごいんだ。
・3～4倍の高さになるから安心。
・新しいのが津波を止める保障はあるのか。
・でも，お金がかかりすぎでは。

　ここで，災害を防ぐ設備とそれにかかる費用とのジレンマを生み，<u>自然災害を防ぐのは設備だけでよいのか？</u>という問いを生み，学習問題として設定する。

168

本時のねらい

【思考力，判断力，表現力等】震災被害を経験した地域の復興事業から，公助による防災・減災の価値を判断し，防災とは何かを「公助」「自助」「共助」の視点から考え，意見を表現することができる。【主体的に学習に取り組む態度】また災害の教訓を未来へ引き継いでいくことの大切さを理解する。

❷ 対話的な学びを生む協働（つながる）

発問：自然災害を防ぐには，設備だけでよいのか？

自然災害を防ぐための住民の取り組みを，資料から調べる。

共　助	公　助	自　助
○地域で防災のための助け合う意識を高める ・防災訓練	○国や市が行う防潮堤や砂防ダムなどの設備 ・備蓄庫	○自分自身で災害時の準備をしておく ・防災グッズ
国や市町村が税金をつかって，自然災害の「減災」のために多くの設備を準備している	地域には高齢者や障がいのある人，幼い子どももいるので，住民同士助け合う意識が重要である	守ってもらうという意識ではなく，自分自身の防災の意識を高めることが重要である

東日本大震災では，岩手県釜石市の小・中学生は多くの子が自立して行動し，命を守ることができた。それは，先生の指示だけでなく，下校した子供たちも自分の判断で高台に上がり，地域の人たちにも避難を呼びかけたことによって多くの人たちが救われたのである。自助・共助のよい例として取り上げたい。

❸ 次時へ見通しをもつ主体的な学び（創り出す）

発問：濱口梧陵の銅像に込められた願いは？

和歌山県広川町には，稲むらを燃やし，津波が来る前に村人を避難させた濱口梧陵の銅像が残っている。その後，梧陵は私財を投じ「広村堤防」をつくり，後の津波から村を救った。

評価　評価は以下の場面で考えられる

・②の協働場面での評価…防災の準備を公助，自助，共助の視点でまとめることができているか。
・③の場面での評価

【模範解答例】濱口梧陵のとった行動は共助の意識を学ぶことができる。／銅像があることで，災害を忘れることなくいつも防災の意識をもつことができる。

14 ［自然災害とともに生きる］

4　日本での自然災害についてまとめよう！

(学習課題No.86・1時間構成)

💡 本時のねらい

○自然災害から国土を保全し，国民生活を守るために，国や自治体が様々な対策や事業を行っていることを理解する。また，災害の種類や発生の位置や時期，防災対策などに着目し，自然災害の特徴を調べ，表現することができる。

学習のまとめとして，「新聞製作」を行う。日本で起こり得る自然災害を国土の特徴と関係付けてまとめ，その自然災害に対する国や自治体の公助のあり方や住民の自助，共助のあり方を多面的・多角的に整理し，まとめていきたい。

アクティブ・ラーニング的記事作成

社会的な見方や考え方

> **ICT**…各地域の特色を表す画像資料を検索し，著作権などを配慮して上手につかわせたい。

【空間的な見方・考え方】
・自然災害の発生分布を国土の特徴と関連付けて調べ，まとめることができる。

【時間的な見方・考え方】
・日本で近年起きた自然災害について調べ，年表などにまとめることができる。

【相互関係に着目】
・災害が起きたときの対策のために国や自治体がすること（公助），住民が準備して取り組むこと（自助・共助）を関連付けて調べ，表現している。

【社会的事象を比較・分類・総合】
・地震，火山噴火，台風，洪水，津波，竜巻，大雪など，自然が起こす災害の特徴を比較して，どのような対策が必要かを調べ，まとめることができる。

【現代と結び付ける見方・考え方】
・災害の対策を国や自治体（公助）に頼るだけではなく，自助・共助の視点で住民ができること，自分が災害に対してできることを考えたり，住民同士でできることを考えたりして，表現することができる。

🌸 評　価

新聞でのまとめ活動は，ただ教科書や資料集にあることを写し書きして，カラフルにまとめ，見栄えがよいものが高評価されることがあるが，ここでは，上記の見方や考え方でまとめているかどうかを新聞の内容から評価することが重要である。

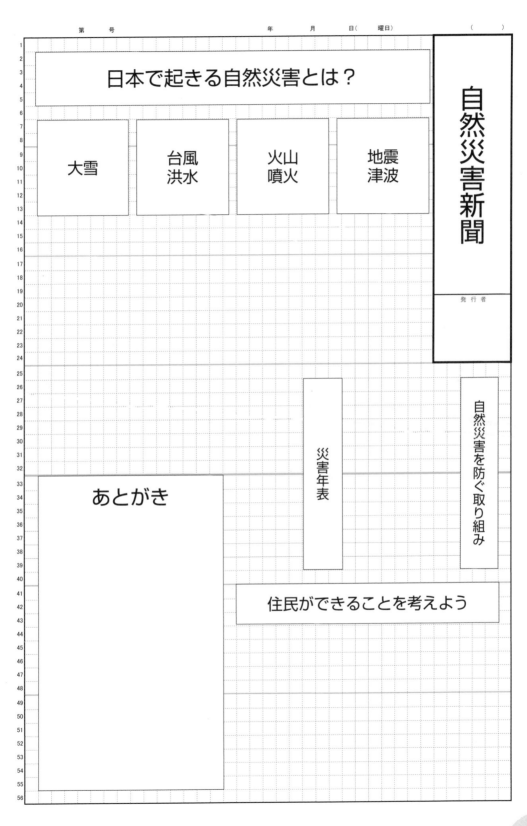

おわりに

　小学校5年生の社会は産業学習である。我が国を成り立たせている産業の特色を，国土の環境と関連させながら学んでいくことが，5年生の学習の中心である。学ぶ範囲は3年生，4年生の学習から，空間的にも大きく広がり，北は北海道から南は沖縄までが学習の対象である。世界地図で見る日本は，大国と比べると狭くて小さな国に見えるが，私たち人間が動ける生活の範囲は，全国各地を出張する人ならばともかく，多くの人にとってはたかが知れており，子供にとってみればなおさらである。私は北海道に住んでいるが，私から見れば九州や四国は遠い異国の地である。

　5年生社会科「低地の人々の暮らし」では，海抜0ｍ以下の地域で暮らす人々の生活の工夫や産業の特徴を学ぶわけだが，例えば「木曽三川」が合流する下流はどのような場所なのか，「輪中」とはどのような地域なのか，教科書や資料集には文章や写真として記載されているが，それで全て理解できるということはないであろう。ここでやはり大切なのは，「現地で，自分の目で，見る」ということであり，「先生」と呼ばれる私たちは，子供たちよりも豊かな経験をしていることが大前提であるといえる。
　私は所用で名古屋に行った際に，時間をつくってレンタカーを借り，木曽三川の下流域の岐阜県海津市にある「国営木曽三川公園」まで車を走らせた。名古屋から高速にのり1時間弱。途中，大きな川を渡る。この巨大な川が木曽川であった。高速を降りると，今度はずっと堤防の上を走っていることに気付く。よく見ると，周りの建物は随分と低い地にある。そう，これが堤防に囲まれた「輪中」地域だったのだ。言葉では知っていたが，実際に走ることでその広大な堤防には驚きを感じた。木曽三川公園に到着し，展望タワーに登ると，そこからの景色で一目瞭然。大きな川に囲まれた地形，その中に広がる「田園風景」が今でも目に焼き付いている。公園内には「水屋」も発見できた。実際に目で見ることで，教材化するイメージが膨らむ。「子供たちに早く教えたい」と感じたものである。本書でも，そのときに撮影した画像をつかって授業を構成している。
　また，東京に出かけたときである。私はどうしても「自動車運搬船」をこの目で見たかった。しかし，自動車運搬船を実際に見ることは難しい。特別な見学会がなければ，岸壁に着く運搬船を見ることは困難である。そんなとき，ネットで「自動車運搬船」を検索していると，川崎にある展望台から撮影した画像が多く登場することに気が付いた。その展望台は「川崎マリエン」。川崎市内の小学生は社会見学でよく行く場所であるらしい。しかし，ここに行ったとしても運よく岸壁に自動車運搬船が停泊しているわけではないのだが，私は東京から川崎まで電車に乗り，駅からバスに乗って「川崎マリエン」まで足を運んだ。そして，3回目のときに運

よく「自動車運搬船」を展望台から見ることができた。数台ずつ，白いシートが貼られた自動車が船に運ばれていく様子は圧巻であった。次に５年生でこの単元を教えるときには，いろいろなことが語れると感じた。

　５年生で学ぶ日本の国土や産業は，この国そのものを知る，日本という社会を知る入門的な学習である。全国各地で育てられた食料を毎日のように食べ，全国各地でつくられた工業製品をつかって生活している。これが豊かな日本という国の姿であり，決して当たり前のことではなく，社会全体が支え合っている証拠であることを空間的に実感するのが，５年生の社会科の醍醐味なのである。この醍醐味を教えるためには，先生自身ができるだけ全国を旅して，多様な日本の姿を実感することが，社会科を教える第一歩だと考えている。

　とはいうものの…全国各地を渡り歩くようなことは到底できない。学習のたびに，九州だ，四国だと旅するわけにはいかないのが現実である。しかし，だからといって，教科書をなぞるだけの社会科であってはならない。子供たちに教えるために，あたかも現地を見てきたような「教材研究」をすることが，私たち教師に唯一，同じに求められることである。

　昨今は，ＳＮＳも普及し，日本中の人とつながることができる時代になった。多くの人が，企業が，自分自身のことを発信している。情報メディアの発達により，時間的な距離は小さくなった。これを活用したいところだ。全国の先生がつながり合って情報共有できれば，日本全国の今の様子を知ることができる。それを子供たちに伝えることができる。そのベースとして，本書が一助となることを期待している。私自身もＳＮＳを活用しているので，本書を読んでいただいた先生たちがつながり合って，教材化の交流ができれば嬉しいことであり，大歓迎だ。

　最後に，本書発行の機会を与えてくださった明治図書の及川誠さん，校正をしていただいた広川淳志さんに感謝を申し上げたい。

朝倉　一民

【著者紹介】

朝倉　一民（あさくら　かずひと）
北海道札幌市立屯田北小学校主幹教諭（教務主任）。2009年日教弘教育賞全国奨励賞受賞（個人部門），2010年・2011年全日本小学校HP大賞都道府県優秀校受賞，2014年日教弘全国最優秀賞受賞（学校部門・執筆），2015年パナソニック教育財団実践研究助成優秀賞受賞，2016年北海道ＮＩＥ優秀実践報告受賞

【所属・資格】北海道社会科教育連盟，北海道雪プロジェクト，北海道NIE研究会，IntelMasterTeacher，NIEアドバイザー
【単著】『子ども熱中！小学社会「アクティブ・ラーニング」授業モデル』，『板書＆展開例でよくわかる　社会科授業づくりの教科書　6年』（以上，明治図書）
【共著】『授業づくりとメディアの活用』（ジャストシステム），『日常の授業で取り組む学力向上』（日本教育新聞社），『THE 見える化』『THE 学級開きネタ集』（以上，明治図書）

主体的・対話的で深い学びを実現する！
板書＆展開例でよくわかる
社会科授業づくりの教科書　5年

2018年4月初版第1刷刊　©著　者	朝　倉　一　民
2025年7月初版第8刷刊　　発行者	藤　原　光　政

発行所　明治図書出版株式会社
http://www.meijitosho.co.jp
(企画)及川　誠 (校正)広川淳志・㈱東図企画
〒114-0023　東京都北区滝野川7-46-1
振替00160-5-151318　電話03(5907)6704
ご注文窓口　電話03(5907)6668

＊検印省略　　　　組版所　藤原印刷株式会社

本書の無断コピーは，著作権・出版権にふれます。ご注意ください。

Printed in Japan　　　　　　ISBN978-4-18-229325-2
もれなくクーポンがもらえる！読者アンケートはこちらから →

思考力・判断力・表現力を鍛える 新社会科の指導と評価

北 俊夫 著

深い学びを実現する！新しい社会科授業＆評価ナビゲート

A5判 184頁
本体 2,100円＋税
図書番号 2136

社会科で「主体的・対話的で深い学び」をどう実現するか？「思考力・判断力・表現力」を核にすえながら、子どもたちの見方・考え方を鍛える授業づくりと評価のポイントを丁寧に解説。評価テスト例も入れた「資質・能力」を身につける新しい社会科授業ナビゲート決定版！

主体的・対話的で深い学びを実現する！ 100万人が(受けたい)社会科アクティブ授業モデル

河原 和之 編著

子ども熱中間違いなし！「アクティブ社会科」授業ネタ

A5判 168頁
本体 1,900円＋税
図書番号 2581

100万人が受けたい！シリーズの河原和之先生の編著による、「主体的・対話的で深い学び」を切り口とした社会科授業モデル集。子どもの「興味」をひきつける魅力的な教材と、ワクワクな展開を約束する授業の秘訣とは。「深く、楽しく」学べる社会科授業づくり決定版！

平成29年版 小学校/中学校 新学習指導要領の展開 社会編

小学校 北 俊夫・加藤 寿朗 編著
中学校 原田 智仁 編著

大改訂された学習指導要領本文の徹底解説と豊富な授業例

小学校
A5判 200頁 本体 1,800円＋税
図書番号 3279

中学校
A5判 208頁 本体 1,800円＋税
図書番号 3342

改訂に携わった著者等による新学習指導要領の各項目に対応した厚く、深い解説と、新学習指導要領の趣旨に沿った豊富な授業プラン・授業改善例を収録。圧倒的なボリュームで、校内研修から研究授業まで、この1冊で完全サポート。学習指導要領本文を巻末に収録。

続・100万人が受けたい 「中学社会」ウソ・ホント？授業シリーズ

河原 和之 著

子ども熱中間違いなし！河原流オモシロ授業の最新ネタ

中学地理
A5判 144頁 本体 1,700円＋税
図書番号 2572

中学歴史
A5判 152頁 本体 1,700円＋税
図書番号 2573

中学公民
A5判 160頁 本体 1,700円＋税
図書番号 2574

100万人が受けたい！「社会科授業の達人」河原和之先生の最新授業ネタ集。「つまものから考える四国」「平城京の謎を解く」「"パン"から富国強兵を」「わくわく円高・円安ゲーム」「マンガで学ぶ株式会社」など、斬新な切り口で教材化した魅力的な授業モデルを豊富に収録。

明治図書　携帯・スマートフォンからは **明治図書 ONLINE へ**　書籍の検索、注文ができます。　▶▶▶

http://www.meijitosho.co.jp　＊併記4桁の図書番号（英数字）でHP、携帯での検索・注文が簡単に行えます。

〒114-0023　東京都北区滝野川7-46-1　ご注文窓口　TEL 03-5907-6668　FAX 050-3156-2790